大展好書　好書大展
品嘗好書　冠群可期

少林功夫㉕

嵩山俞派金剛門
少林强身內功

李良根
李　琳　著

大展出版社有限公司

　　「少林強身內功」又稱「少林內功」，提到內功，就會
使很多人想像到深山學藝、秘匣武籍等令人神往的種種傳
說，那些登萍渡水、踏雪無痕、隔山打牛、摘葉飛鏢、指可
貫牛腹、側掌可斷牛頭等等內功功夫，更使不少的青少年羨
慕不已、躍躍欲試。

　　近年來也有一些書刊相繼介紹了各種內功功法，但絕大
多數都只是講解了功法的動作套路，很少涉及內功的功理和
行功的機制。然而，這些機理卻又是內功中的最重要、最關
鍵的精華。許多人學功無數，其程度卻始終徘徊在初級階
段，只知其然不知其所以然，無法提高水準，致使不少熱心
學子望著內功的輝煌金頂，卻扼腕興歎行路難。也正是基於
此，筆者才有了本書寫作的緣起。

　　其實，不管何種內功，也不論何門何派，它們的基本功
理和行功機制都是相通、甚至是相同的。而對於它們講解和
描述上的不同，只是因為地域性的文化和語言上的差別；至
於在入手功夫上的特異，也多是因人因勢施教的需要。

　　換句話說，這些特異和差別，也僅僅是異途同歸的外形
變化而已。所以，學好內功的關鍵，是掌握好內功功法的功
理和行功的機制。

　　本書力圖由對少林俞派金剛門內功功理機制的闡述，啟
蒙發幽，使學者掌握本門派的內功練習方法，並可進一步學

習和研究其他有關功法，達到觸類旁通、舉一反三的效果。

　　不少人練習內功只是爲了強身健體、袪病療傷。其實，這只是內功鍛鍊時在客觀上自然地起到的功效，並不是內功鍛鍊的最終目的。

　　內功鍛鍊的目的是在「清其內」「堅其外」的基礎上達到超凡入聖、以登正果的目的，使精神和肉體得到徹底解脫。然而，堅體易而清心難，清心需基於堅體，金剛門內功從堅體入手，透過堅實軀體的外練，逐漸內修內省，循序漸進，以期過渡到清虛無障之境。此亦是本書取名爲《強身內功》的含意。當然，這種高層次的追求，不是一般的鍛鍊者的目標，但對於有志於內功修練的人來說，卻是一種能鍥而不捨追求的意志和動力。

　　由於少林內功起源於少林寺內，它的功理和行功理論與佛教文化有著不可分割的淵源關係，所以，學者要想較好地掌握少林內功的鍛鍊方法，應當適當地學習一些有關佛教禪修方面的知識，這也是少林流派功夫「功禪一體」的特點之一。

　　鑒於作者學識微薄、功夫疏淺，書中錯誤之處在所難免，敬希同道諸君不吝斧正。

作　　者

於江西中醫學院宿舍

第1章　概　述 ·········· 9

第一節　少林強身內功的起源和發展 ······· 9

第二節　少林強身內功的特點和功效 ······· 16

第三節　內功與氣功的關係和區別 ········· 22

第2章　少林強身內功的基礎理論 ······· 27

第一節　內功論 ········· 27

第二節　少林內功氣說 ········· 29

第三節　少林內功內氣循行方向 ········· 35

第四節　勁論 ········· 39

第五節　奇經八脈總說 ········· 41

第六節　奇恒六府總說 ········· 64

第3章　金剛門內功行功要訣 ········· 73

第一節　四步練氣法 ········· 73

第二節　四部練勁法 ········· 76

第4章　兪派金剛門內練要穴考正 ········· 81

一、百會 ········· 82

二、泥丸 ········· 82

5

三、膻中 ······························ 83

四、丹田 ······························ 84

五、會陰 ······························ 86

六、長強 ······························ 86

七、肩井 ······························ 87

八、勞宮 ······························ 87

九、湧泉 ······························ 88

第5章　少林易筋經內功 ··············· 89

第一節　源流考正 ······················ 89

第二節　少林易筋經內功功理闡秘 ········ 94

第三節　少林易筋經內功功法總說 ········ 107

第四節　少林易筋經內功功法圖說 ········ 112

第五節　少林易筋經內功採咽法 ·········· 156

第六節　少林易筋經內功內氣充周法 ······ 158

第七節　「少林易筋經內功」學習解難 ······ 166

第6章　少林金剛內功 ················· 175

第一節　功法總說 ······················ 175

第二節　《少林金剛內功》功法 ············ 177

第7章　《內功眞傳》注解 ··············· 201

第一節　《內功經》注解 ·················· 202

第二節　《納卦經》注解 ·················· 207

第三節　《神運經》注解 ·················· 209

第四節　《地龍經》注解 ·················· 211

附錄原文 ································· 214

　易筋經　上卷 ···················· 214
　　總　論 ························· 214
　　膜　論 ························· 216
　　內壯論 ························· 217
　洗髓經總義 ······················ 218
　　無始鍾氣篇第一 ················· 219
　　四大假合篇第二 ················· 220
　　凡聖同歸篇第三 ················· 220
　　物我一致篇第四 ················· 221
　　行住立坐臥睡篇第五 ············· 221
　　洗髓還原篇第六 ················· 222

少林強身內功

第 1 章
概　述

第一節　少林强身內功的起源和發展

少林强身內功起源於嵩山俞派金剛門少林武功。

少林武功素有「創天下武功之先驅」「集天下武功之大成」的稱譽。少林武功發源於河南嵩山少林寺，所謂「禪宗祖庭、武林聖地」。少林武功流派，原分廣東、峨眉、武當、福建、河南五大派。

河南少林即嵩山少林，又稱北少林。嵩山少林又分為紅家、孔家、俞家三大流派。俞派少林武功的形成始於明代中葉，到現在已有四百多年的歷史了。當時，由於倭寇經常入侵江、浙沿海一帶，沿海邊民慘遭其害，為靖定邊亂、抗擊倭寇的侵略，明朝廷「詔天下舉武勇士」以討倭寇，從而出現了不少身經百戰的抗倭名將，如俞大猷、戚繼光、唐順之、程宗猷、何良臣、吳殳、茅元儀等。武功作為軍事技術，得到了政府的鼓勵和提倡，練武不僅成為軍隊訓練的重要內容，也是民間強身健體的鍛鍊形式。

這一時期，是武功集大成的昌盛時期，大量武功名著問世，如《劍經》《紀效新書》《武備志》《陣記》《手臂錄》《耕餘剩技》等等。同時，各種不同風格的武功流

派也如同雨後春筍般發展起來。除少林派以外，有張松溪的內家拳、戚繼光三十二勢長拳、溫家七十二行拳、呂紅八下、綿張短打、李半天之腿、鷹爪王之拿、千跌張之跌、張伯敬之打等等，此外，還有密宗拳、六合拳、馳驟拳、戳腳等等，達到了前所未有的興盛程度。特別是流派自身體系的形成和完善，更突出地表現了武功發展昌盛的特徵，並湧現出了不少武功流派的名家，如李良欽、張松溪、楊妙真、石敬崖、俞大猷、王征南、劉雲峰等。正是在這種武風昌盛的環境中，俞派少林武功也應運而生。

俞派少林武功的創始人，是明朝嘉靖年間著名抗倭大將俞大猷。俞公字志輔，號虛江，福建晉江人，官至左都督，諡武襄。俞公少好讀書，曾兩參《易》業，又從當時的江南名師李良欽習武，學習荊楚棍法，李良欽認為他日後必天下無敵。從戎後，所率「俞家軍」屢摧大寇，戰功赫赫，用兵數十年從未有過敗績，威名遠震南疆，嘉靖平倭與戚繼光齊名。

俞公武功造極，拳棒超異，器械中尤擅長棍術及劍術。在明代，各家各派，名棍甚多，在眾多有名的棍法中，最負聲譽的首推俞公棍（又名俞家棍、俞大猷棍），抗倭名將戚繼光也向他求學過棍術。另一位抗倭大將、明代軍事家何良臣也說：「棍法之妙，亦盡於猷。」

俞公將自己所練之棍法寫成《劍經》一書，戚繼光很佩服俞大猷著的《劍經》，他說這本書是「短兵長用法，千古奇秘，非欺人也」，並將《劍經》全文收錄入其名著《紀效新書》之中。嘉靖辛酉年至嘉靖甲子年（即西元1561～1564年）俞大猷將棍法、拳法等武功傳授給少林寺

武僧，從而開創了俞派少林武功之先河，成為俞派少林武功之鼻祖。

其原由在《正氣堂集》中有較詳細的記載：「予（指俞大猷）昔聞河南少林寺有神傳長劍技（指緊那羅王所傳棍法），嘉靖辛酉歲，自北雲中奉命南征，取道至寺。僧自負精其技者千餘人，咸出見呈之，予視其技已失古人真訣，明告眾僧，皆曰：願受指教。予曰：此必積之歲月而後得也。眾推年少有勇力者二人：一名宗擎，一名普從，隨予南行，出入營陣之中，時授以陰陽變化真訣，復教以知慧覺照之戒，及三載餘。三載之間，諄諄示之，皆得真訣，雖未造於得手應心之神，其十步一人，千里不留行，亦庶幾矣。二人曰：噫，有餘矣，乞歸，以所受之教，轉授寺眾，以永其傳可也。遂許辭去。倏而又十三年矣。門者忽報，有一僧求見，與之進，乃宗擎也。謂普從已化為異物，惟宗擎回寺以劍訣禪戒傳之，眾僧所得最深者近百人，其傳可永也。」

由於俞大猷將自己十多年軍陣實戰的武功精心傳給了少林寺武僧，再由宗擎、普從廣傳寺內僧眾，使少林一派武功，轉而大盛。據《少林寺武僧志》載：「宗擎，字周空，伊州人。身五尺八寸高。秀眉俊顏，靈敏足智，劍技超群，棍法卓技。任武教頭十載，後升為提都舉。著有《少林劍譜備要》一書。」「普從，字萬空，俗姓田，幼名大樹。皈依少林寺後，跟洪昭法師習棍術，後同宗擎二人隨俞大猷南征殺寇，苦習劍技，三年後獲技返回少林寺，任副武教頭，授僧眾劍法，頗見功效，五年間授徒三千，亦稱劍師」。由此可見，俞公武技在少林寺傳播規模

11

之大，影響流傳之廣，是少林寺習武史上空前的。

由於宗擎、普從將俞公武技廣傳寺內僧眾，從而發揚光大了俞派武功，實為俞派武功之巨勳功臣。寺內武僧逐代相傳，從而使俞派少林武功日益完善，並流傳下來。為紀念俞大猷傳授武技的功勳，後人便將俞大猷所授之武功稱為「俞派少林武功」。

隨後，由於各代名家因材施教，傳授不同，學者感受各異，各人又形成了自己的風格特點，逐漸又產生了新的門派。所以，俞派以下又分成了若干門派，如羅漢門、韋陀門、大聖門、二郎門、金剛門等等，然而終不離俞派少林之基本特徵。俞派少林武功由明朝傳至民國，三百六十餘年間，不斷繁衍昌盛，從而使俞派少林武功成為少林三大主要流派之一。

民國十七年，軍閥混戰，軍閥石友三部用炮火向盤踞在少林寺內的蔣系軍閥樊鐘秀轟擊，熊熊大火燒了四十餘天才逐漸熄滅。這是少林寺從元代至正末年後到現代遭受的第一次大劫難，也是少林寺有史以來所遭受的三次大火中的最大的一次，使寺內武僧傷亡殆盡，院內樓房、珍藏所剩無幾，武功珍籍焚毀無餘。至此，俞派少林武功便在少林寺內失傳。

清代末葉，筆者師祖梁鶴齡，河南汲縣人，家資頗富，自幼喜武，遂請一少林武僧在家中專門教授，而得俞派少林武功之真傳。成為有名之少林拳家，精雙拐，尤擅長貼壁掛畫之輕功。囿於當時政治上之黑暗和統治集團之腐敗，又因自身保守思想之桎梏，未能將所習之武功廣傳後世，僅單傳其侄孫，即吾之恩師梁漢勛先生。

恩師梁漢勛，又名安世，河南汲縣西關德西街人。因少時體弱多病，為求強身祛病而隨其叔祖習練少林俞派武功。稍長後，因悟慕拳中技擊妙用，而苦心鍛鍊，恒心專研，盡得其真傳。1926年夏，在北京私立中國大學專法第十班畢業。學習期間，又拜大槍劉德寬之高足劉采臣為師，學習少林六合門拳械。1938年因抗日從軍，在鄭州擔任國民黨第九十二軍國術總教官，帶銜執教。1948年退役後遷至貴州省貴陽市。1967年4月8日因患癌症醫治無效，歿於貴陽市。

由於恩師刻苦好學，不僅武功造極，文學、書法亦有很高造詣。其氣度恢宏，平易近人。一生教拳，從學者不計其數，其中以王世榮、殷龍、李良根等人為最得其神意者，使俞派少林武功得以廣泛流傳。

少林俞派金剛門屬俞派下之一門。金剛門以金剛拳、金剛棍、金剛功為本門拳術、器械、內功之精華所在，而區別於其他門派。本門以金剛名者，乃取佛經《金剛般若波羅密經》注：「金剛者，金中精堅者也，剛生金中，百煉不銷，取此堅利，能斷壞萬物。」所謂少林「拳禪不二」也。本門之拳法、器械、功夫練至上乘，均以金剛勁為其共備而同遵，為本門最精最深之護法秘寶。

少林俞派金剛門武學的主要內容有基礎理論、拳術、器械、對練、內功絕技、傷科醫學六大類。

理論包括德論、門規、傳略、拳論、拳要、拳譜，以及棍論、劍論、槍論、戟論等等內容。此派拳家尤重武德修養，講究「以德為先」「德成為上，藝成為下」，而有「七規」「八戒」「兩傳、三不傳」之條律。

拳術包括少林八路彈腿、少林八式、少林拳八路、形拳八路（即少林五拳：虎、豹、蛇、鶴、龍各一路，猴、醉、金剛各一路），在演練上，注重神意，講究「龍行、虎坐、鶴神、豹威、蛇吞吐」；在招法上強調快、準、狠、連的運用；在內功中，更重精、神、勁、氣的修練，而以少林五拳為功術結合之代表，所謂「龍拳練精、蛇拳練氣、鶴拳練神、豹拳練意、虎拳練力」；在勁力上注重剛柔相濟、力力互生、八面出鋒，所謂「拳無剛勁拳不立，有剛無柔化不走」「純剛易折，純柔顯懦」「剛柔相濟，敗敵不難」「勁中生勁，剛柔互根」；在技擊上講究功、術配合，更以金剛拳為精華之所在。

　　器械有少林棍六路、子午劍六路、刀術六路、雙器械六路、畫戟由六路綜合成一路、槍術三路、軟器械三路，以及暗器等。本門器械以棍、劍為擅長。棍法有子午陰陽定天棍、龍虎爪牙護身棍、猴形伸縮走仙棍、醉漢不倒棍、乾坤日月棍、金剛羅漢棍，共六路。本門棍法「以長為形，以短為根」，所謂「長兵短用」也。以《劍經》為圭臬，以破打為習招，既是俞派成名之器，亦是金剛護法之寶。子午劍屬站劍之一種，以重功架、勁勢之練法，走輕直用之妙招馳譽武林，乃眾多器械中之佼佼者。

　　對練包括拳、械兩類：拳法對練有拳路對練、擒拿對練、碰打一百零八招；器械對練有各種長、短、單、雙器械的自對和互對。在對練中，只注重招法之拆破，不尚花架及欣賞效果，招招講究實戰，其中尤以碰打為秘傳，在招法的拆破中，又鍛鍊了身體各部的硬度和力度，更注重手臂硬功鍛鍊，有功、術同修之妙。

內功有洗髓易筋經內功、金剛內功。本門內功注重養練兼顧，講究內壯外堅，在強身健體的同時，尤能增加技擊之功力。絕技有「三術」「兩技」，即點穴術、擒拿術、卸骨術、技擊樁、技擊把，以及龍爪功、鐵沙掌、鐵臂功等多種軟硬功夫。

傷科醫術屬少林學派、本門傷科有以下特點：

1. 以跌打損傷為主要治療內容；
2. 醫、武兼修的教學方法；
3. 以經絡、氣血流注作為辨證論治的主要病理機制；
4. 重視手法治療，尤以功夫作為手法治療的基礎，
5. 按穴位損傷和分部位損傷進行治療的治療方法；
6. 採用主方配合引經藥為主的用藥方法；
7. 採用練功秘方療傷，效力顯著；
8. 療傷術多為武功技擊家所掌握。

有關少林強身功法功效的最早記載，可見於晚清福山王祖源《內功圖說・序》：「道光甲午（1834 年）其時有衛守備萊陽周嘉福者，善拳勇，習易筋經，先大夫使教余，未幾一年，頗健飯力，能舉十多鈞物。」可見，在道光年間，《少林易筋經》已成為常見的強身功法。隨著《內功圖》的廣泛流傳，其強身保健功效日益被越來越多的人認識，《少林內功》就逐漸被人們將它從武功的範疇轉移到強身保健的應用上來。

清咸豐八年，潘霨將江西豐城徐鳴峰的《內功圖》輯入其刻印的《衛生要術》之中，首次將《易筋經內功》納入了強身保健的功法範疇。他在此書的序文中說：「茲編取豐城徐鳴峰本，參之醫經各集，而略為增刪……不須侈

談高遠，而祛病延年實皆信而有徵，即老子、赤松子、鍾離子所載節目，亦不外此，誠能日行一二次，無不身輕體健，百病皆除，從此翔洽太和，共登壽域。」

新中國成立後，隨著人民生活水準的不斷提高，特別是改革開放的今天，人們對強身健體的要求日益迫切，促進了少林強身功法的發展和流傳，由於該功法有著易學、易記、易練的特點和顯著的強身功效，不僅能使體弱者強健，同時也能祛病療傷，還能增長內力，防衛抗侮，因此，深受廣大人民群眾的歡迎。相信在不久的將來，隨著預防醫學和康復醫學的發展，少林強身功法一定會對人類作出更大的貢獻。

第二節　少林強身內功的特點和功效

一、少林強身內功的特點

少林強身內功不僅在功勢上有著自身的特點，而且在練法上、功理上均有著本流派的獨特之處。

（一）在功勢上，少林強身內功具有姿勢簡單、易學易記的特點，如《易筋經內功》只有十二個功勢；《金剛內功》只有八個功勢。而且，每個姿勢難度也很小，如同日常生活中的一般動作。

（二）在練法上，少林強身內功採用動、靜結合的練法。以靜洗髓清內，以動易筋堅外；以靜蓄氣蓄勁，以動導氣導勁；以靜為主，以動為輔。並注重功、術兼練，在功上求剛柔勁力，在術中現開合虛實。

（三）在功理上，少林強身內功根據中國傳統醫學和現代醫學對人體生理功能的認識，注重人體奇經八脈的修練和奇恒六府的運用。認識到奇經八脈是人體經絡系統中之大經。在內氣產生以後，由意念之導引，打通奇經八脈，從而達到開發奇經八脈在人體經絡系統中的統領和綱要之功效，快速高效地提高經絡系統在人體內部之聯絡與通道作用，加強內氣在人體中作用之發揮。同時，還認識到人體中之「六寶」即精、氣、神、髓、血、液為練功之無上至寶，而此六寶藏於人體奇恒六府之中。「三田」為練功之所，而六寶為生丹之物。人多識六寶之主而昧於六寶之藏；多知六寶之珍而矇於六寶之體。然不識六寶之藏，何來生丹之物？不曉六寶之體，何來練成之丹？所以，注重奇經八脈之鍛鍊及奇恒六府之運用，是金剛門內功區別於其他功法的顯著特點之一。

同時，少林強身功法講究以練形為先，以練氣為法，以練勁為要，以練神為重。以形佐氣，以氣助勁，以意導氣。以洗髓清其內，以易筋堅其外，從而達到「易氣、易血、易脈、易肉、易髓、易筋、易骨、易發、易形」之強身功效。

（四）在整個內功的修練中，少林強身內功以《易筋經內功》練精化氣，壯內堅外；以「金剛內功」運使內勁，堅實全身，配合本流派的上乘護法寶典《金剛拳》之拳法，達到出鋒八面、周身棱刃的技擊效果，從而形成了一套完整的內練體系。

二、少林強身內功的功效

少林強身內功之功效，總的來說是強健體魄。但是，由於運用範圍的不同，可分為養生和技擊兩大類。在養生方面，少林強身內功有養性堅志、扶正禦邪、平衡陰陽、調節五臟、運行氣血、疏通經絡、緩衰益壽等功效；在技擊方面，少林強身內功有堅實筋膜、增長內力、運使內勁、提高身體承受擊打能力等功效。現分述於下：

(一)養生功效

將少林強身內功運用於陶冶情操、增強體質、預防疾病、延緩衰老、益壽延年等方面所產生的功效，稱之為養生功效。

1.養性堅志

人生存於世上，最難避免的是情、慾二魔，情為外魔之首，友情、親情、愛情，隨處可染，動搖靜根；慾為內魔之魁，名慾、利慾、嗜慾更是亂意喪神、損人精氣。

如何掃除這內、外魔障對練功的干擾，少林強身內功採用從看破生死入手，明原指歸，淡泊心志，從而進入明靜修身、心空識幻的境界。在紛繁艱險的俗世中，參透天機，達到修身養性之目的。

2.扶正禦邪

人體產生疾病，是由於人體正氣相對虛弱，衛外功能不強，無力抗邪的情況下，致病的邪氣乘虛而入而發生病

變。如果人體功能正常，正氣旺盛，氣血充盈，衛外固密，病邪就難於侵入，疾病也就無從發生，所謂「正氣存內，邪不可干」。

少林強身功法正是透過積極有效的鍛鍊，使人體氣血流通，功能增強，從而達到扶正禦邪的功效。

3.平衡陰陽

人體處於正常生理狀態下時，陰陽兩個對立著的方面也不是平靜地、各不相關地共處於一個統一體中，而是處在互相制約、互相消長的動態平衡之中，如果這種平衡遭到破壞，疾病便會產生。

少林強身功法正是透過功法對人體陰陽變化的影響來維護人體陰陽的動態平衡的。

4.調節五臟

臟腑，又稱五臟六腑，包括心、肺、肝、腎、脾、小腸、大腸、膽、膀胱、三焦等臟器。臟腑以五臟為中心，五臟各有所主，心主血脈，肺主氣，肝主筋，腎主骨、脾主肌肉。

少林強身功法正是運用功法對血脈、氣、筋、骨、肉的鍛鍊，從而達到調節五臟的作用，使五臟生理功能之間平衡協調，以維護機體內在環境的相對恆定。

5.運行氣血

氣血是維持人體生命活動的最基本物質，《難經》說：「氣者，人之根本也。」明代醫家張景岳說：「人之

有生，全賴此氣。」《黃帝內經・素問》說：「肝受血而能視，足受血而能步，掌受血而能握，指受血而能攝。」氣血在人體內的各種功能主要依靠運行不息，流布全身，才能發揮其生理作用。

少林強身功法由對各種功勢的鍛鍊，來增強氣血的升降出入運動，從而加強氣血生理功能的發揮。

6.疏通經絡

經絡是運行全身氣血、溝通上下內外、聯絡臟腑肢節的通路，經絡的生理功能宜通而忌滯，尤忌閉阻。

少林強身功法由內氣的運用，以通暢經絡，宣滯通閉，從而達到加強、改善經絡的生理功能。

7.緩衰益壽

衰老是指人體生長發育成熟以後，隨著年齡的增長或各種疾病的產生，使機體在結構與功能等各方面出現退行性變化。衰老是人類生命過程中的必然規律。

少林強身功法透過功法的鍛鍊能起到增強機體功能，預防各種疾病的侵襲和產生，防止機體結構退化等作用，從而能延緩衰老的進程，達到益壽延年的目的。

(二)技擊功效

將少林強身功法運用於武功絕技、散手技擊等方面所產生的功效，稱之為技擊功效。

1. 堅實筋膜

筋是附於骨節之上的軟組織，其外形多成束狀；膜是包於肌腱外的軟組織，其外形多成片狀。筋膜是體內軟組織中最堅韌的組織，故古人有「筋為剛」之說。

少林強身內功的鍛鍊能使內氣與筋膜同修，使氣至而膜起，氣行而膜張，筋主膜，膜堅則筋自強，筋膜堅實則骨肉勁健，體質強壯，堅硬似鐵，從而增強了技擊運動的專項身體素質。

2. 增長內力

內力，是指由專門鍛鍊、使體內產生的一種能增強拳術功夫的勁力。內力的大小及強弱決定拳術功夫的高低，少林強身內功能使內氣充實，經絡流暢，血脈貫通，從而達到增長內力的效應，提高散打時的技擊威力。

3. 運使內勁

內勁亦稱內力。內勁的運用，不僅有意識的參與，而且更重要的是受意識的支配。

透過少林強身內功的修練，可使意到氣到，氣到勁到，達到以意運勁的程度，從而在技擊中運用內勁攻擊對方，能極大地提高攻擊效應。

4. 提高擊打承受能力

武功在實際運用中，必不可免地會遭受到對方的打擊，因此，在武功的學習中必須掌握抗打的護體功夫，以

提高軀體對外力攻擊時的承受能力。

少林強身內功具有堅實筋膜、強壯筋骨的功效，能有效地提高身體各部對外力打擊時的承受能力，從而增強實戰技擊的膽量和提高散打的心理素質。

第三節　內功與氣功的關係和區別

「內功」與「氣功」都是練功學中常用的名詞，「氣功」是近數十年來醫療練功界提出來的一個新名詞，而「內功」是古代流傳下來的一個武功專用名詞。由於概念上的模糊，很多人搞不清其含義，常常有不少人提出內功是不是氣功的問題。即使是一些比較有權威性的著作，提法也常常不一致，造成了練功界在認識上的混亂。

例如《實用醫療氣功辭典》認為內功屬於氣功，並將內功歸屬於氣功中的靜功，它說：「氣功是具有防病治病、保健康復、益智延年等功效的一大類功法的總稱，這一大類功法總的可分為靜功、動功兩類……靜功又稱內功。」然而《武術理論基礎》認為氣功不能包含內功：「習武者所習之內功較養生家所謂之內功豐富，除靜坐功法外，還包括肢體運動、結合吐納的動功以及硬氣功等，其習練形式多樣化。」那麼，內功與氣功之間究竟存在著什麼關係呢？它們是不是一回事呢？現在，我們先來看看內功與氣功的關係。

一、內功與氣功之關係

從起源上來看，內功和氣功有著相同的淵源，它們均

起源於上古時期的導引、吐納術。現在，不少書刊常把內功與氣功之名稱互為混用，在說到氣功與內功之異名時，常同時用上導引、吐納、練丹、靜功、定功、性功、運氣、坐禪等等名稱。

其實這些名稱有的是古代起源名稱，如導引、吐納；有的是道家名稱，如練丹、性功等；有的是佛學名稱，如坐禪、定功；有的是武學名稱，如運氣、內功；有的是養生學的名稱，如靜功、氣功等等。嚴格地說，這些名稱是不應該混用的，因為它們鍛鍊的目的不同，方法也存在著差異。由於名稱的混用，造成了概念上的模糊，同時也就造成內功與氣功在認識上的混亂。

由於氣功和內功均源於古代的導引、吐納術，是一母所生的孿生兄弟，所以，它們有著許多相同或相似之處。從性質上看，都屬於一種鍛鍊的功法，都具有強化人體生理機能的功效；從練法上看，都以呼吸為不二法門，都注重內氣的培養和鍛鍊；從鍛鍊內容上來看，都有著調身、調息、調心的內容；從效應上看，都具有增強身心健康的鍛鍊效果。正因為如此，不少人認為內功與氣功就是一回事，其實，這些相同之處只是它們的共性，而它們之間更多的是存在著差別，特別是在它們各自按照自身特徵發展著的今天。

二、內功與氣功之區別

(一)源流方面

內功和氣功雖有著相同淵源關係，但它們卻有著時間

上的早晚差異。內功的運用最早可見於唐初武功技擊專著《內功四經》一書，並盛行於清代；氣功一詞雖然最早出現在晉代道士許遜的著作中，但作為正式名詞使用卻是在20世紀50年代初期。所以，從起源時間上來看，內功學的形成較之氣功學形成要早數百年的時間，內功是傳統的武功功法，而氣功是現代新興的養生功法。

(二)應用方面

內功和氣功雖然都是一種強化生理機能的鍛鍊方法，但是，氣功主要是為了養生袪病、提高抗病能力、增強智力、益壽延年，屬於醫療養生的範疇，是導引、吐納術在預防學、康復學上的應用和完善。

而內功主要是為了使身體內產生出超常的生理效應，配合武功技擊術發出強大的功力，從而提高人體的攻防技能，如增強勁力的品質、加大軀體攻擊時的強度、提高機體承受打擊時的耐受能力、強化攻擊意識等，屬於武功的範疇，是導引、吐納術在武技上的應用和完善。

(三)鍛鍊形式方面

雖然氣功與內功均有動、靜兩種鍛鍊的形式，但氣功鍛鍊是以靜式、坐式為主要形式，氣功中的動功只是靜功的一種動態，是靜功調節體態的一種輔助方法，仍然是一種練氣的功勢。

而內功鍛鍊以動靜結合、功術兼修為主要鍛鍊形式，內功中的靜功只是一種寧心蓄氣的築基法，是為動功服務的一種基礎功法；內功中的動功主要是運氣、使氣的功

勢，明確地包含著技擊的用意，運氣以壯外、使氣以增勁，起著強化靜功的效果和運用靜功效果的作用，也就是說，氣功鍛鍊重在靜式，而內功鍛鍊重在動式。

(四) 練法方面

氣功的鍛鍊方法以鬆柔、徐緩為要旨，注重經絡、氣路的循行；內功的鍛鍊方法則強調生勁、練勁，講究「練氣以實內」「氣與力合」，注重氣竅的鍛鍊。

在呼吸方法上，氣功要求勻、細、深、長、緩，以「胎息」為最高標準；而內功則以上述要求作為入手基本功，進一步強調呼吸的有力及長吞短吐、疾吸疾呼、蓄發自如的練法。

在心意的修練上，氣功重視心靜意定，以利於周身的放鬆和真氣的循行流暢；而內功則利用心靜意定以守真壯內，進一步注重心意在勁力運使方面的統帥作用，講究「心與意合，意與氣合，氣與力合」，使心力兼修，達到心力俱到的功效。

(五) 內容方面

氣功與內功雖然都有練內的內容，但氣功主要是鍛鍊精、氣、神，所謂「練精化氣、練氣生神、練神還虛」的內丹三階段；而內功主要鍛鍊的是精、氣、神、意、力，以精、氣、神為基礎，尤重意與力的鍛鍊和運用。

綜上所述，可以看出，內功與氣功雖然同源於導引吐納術，並有著很多相同與相似之處，但是，它們卻更多地存在著差別，內功屬於古代武功類功法，氣功屬於現代醫

療保健類功法，氣雖屬內卻不能囊括內，內雖有氣而有別於氣，它們是不同領域的兩大支流。

　　我認為氣功分為動功、靜功則可，此因其鍛鍊時外形有差異也；但氣功分內外則不可，因練之氣乃是人體體內之氣，氣功純屬內練，無外功可言，無練氣之功，不可稱氣功，故氣功有動靜之法，而無內外之分。而內功之名出自武家，乃相對武功之外功而言，以區別於外練之武功也。因此，氣功學將武功中的內、外功的分類法生搬硬套地借用到氣功學中是不適宜的。

第2章
少林強身內功的基礎理論

第一節　內功論

內功者，內壯之功夫也。人之體魄，本於內而標於外，內不壯則外必衰，內能壯則外必堅，故練功者，皆重內壯。凡臟腑、經絡、筋骨、氣血及其功能，皆內壯之屬也。內功之鍛鍊，以呼吸為法門，以氣血為依倚，以心意為捷徑，以筋勁為至重，此所謂「心與意合，意與氣合，氣與力合」之「內三合」也。故呼吸、心意、勁法為內功家之三大法門。

習武者以形為拳，以招為法，而拳法之運使無不賴乎內氣之催助，故習武練功者，必須先從呼吸入手，方能使武技練有根基。故《少林拳經》云：「拳把若不知練氣，縱有仙招不足恃。」內氣循行，有其常道，起於胞中，蓄於丹田，聚於胸膺，納於膻中，升達泥丸，沉降湧泉，舉臂展肋，氣升兩脇之路，上下左右，不離中衝之道。

內氣練法，有四個階段：曰聚氣，曰行氣，曰使氣，曰調氣。

聚氣者，意守神凝之法也。其效為守中積氣。能意守則欲自冥，欲冥則心不動，心不動則神凝，神凝則意定，

意定則氣不散矣，如此，體內真氣不耗，內氣得聚矣。

行氣者，以呼吸為功，功達則氣充而內滿，氣滿則流溢，進而以意導之，使氣能循行於常道，上達百會，下至湧泉，內浹骨髓，外滲皮毛，周身百節，三十六脈，無不能通達焉。其速緩如蟻行，其感暖如三春，充壯全身。

使氣者，吞吐也，乃內功之效驗，武功之所倚也。吞有文武之名，口吞為武，鼻吞為文，文武之用，在乎功法之軟硬耳。使氣，以長吞短吐為功，以疾聚疾發為用，以蓄發自如為神。少林《拳經》云：「錘打不見形，要在疾中疾，此中玄妙理，盡在一呼吸。」

調氣者，治理之法也。氣之滯、逆、虛、實，為練氣之中所常見，若不及時調理，則易積而為症，不僅功夫難成，身受其害矣。故練氣者，必以調氣輔之。其氣滯者，疏而暢之；氣逆者，導而順之；氣虛者，養而裨之；氣實者，奪而泄之。氣順暢而體舒適，方能功成內壯。

明乎此，則內功有基矣。

凡內壯之功，尤重心意。聚氣者，意守之法也；行氣者，意導之法也；使氣者，意主之法也；調氣者，意靜之法也。故氣聚者必意定，氣滿者必意威，氣疾者必意猛，氣發者必意催，氣蓄者必意斂，氣平者必意靜。意之於氣，猶之馭馬，人能馭馬，則馬必隨人而緩急；若人不能馭馬，兩必相失，禍亂即起。意之不治，氣必應之，故意亂氣必亂矣。而心意之法，無形無跡，全憑師者闡玄述隱，學者心性敏悟，方可得其機要，所謂「心有靈犀一點通」也。

內勁鍛鍊有鬆、悍、通、透、橫、豎、轉、合諸法。

鬆者，柔勁之法。悍者，剛勁之法。通者，順勁之法。透者，放勁之法。橫者，左右之法。豎者，上下之法。轉者，變勁之法。合者，整勁之法。此八法皆練內勁者不可須臾能離之者也。

此外，尚有提頂以虛靈，平肩以正身，提胸以鬆腰，開腋以展肋，按肩以練步，鬆肩以出勁，縮襠以固氣，斂臀以強膝，圓襠以壯胯，扣趾以堅足等訣，亦皆內功之不可不具者也。

識乎此，則內功可望其成矣。

然以上法訣，固屬入門正階，以無此則無以進身也。而有法則形，無法則真。有法者，有為之法也。無法者，無為之法也。有為則神馳，神馳則氣散，氣散則精離，無以為功矣。無為則神靜，神靜則氣合，氣合則精固，功成半矣。然少林金剛門之內功，均須先由有法而入，以利循而有規，遵而有度。至無法而止，則無法而法，法即無法，渾然歸一。由有為之勢，達無為之功，方得真諦。

第二節　少林內功氣說

俞派金剛門少林內功主要指《少林易筋經內功》和《少林金剛內功》兩大功法，該內功之鍛鍊重在易筋增勁、壯內強身。然易筋增勁必先練氣，氣聚行達才能壯內強身，所謂「練筋必須練膜，練膜必須練氣」「練筋練膜而不練氣，則筋膜泥而不起」「氣不能流串，則筋不能堅固」。因此，易筋壯內必須以練氣為先，可見練氣之重要。而人體氣學之說，起始於中醫經典《黃帝內經》，該

部著作論述了人體八十餘種氣，可謂洋洋大觀。初學者不知氣為何物，更不知從何氣入手，練何氣為主？望洋興嘆，莫知取捨。今據本流派內功習練之需及其涉及氣學之說，擇其要者，解說於後。

氣，是不斷運動著的具有很強活力的精微物質，有著溫煦和推動的功能。其大至宇宙，小至毫毛，均無所不在。如《黃帝內經素問·天元紀大論》說：「太虛寥廓，肇基化元，萬物資始。」這裏的「元」，指的是元氣。說明元氣是宇宙萬物滋生之基。

氣對於人體也是十分重要的物質基礎，是人體生命活動功能的主要表現。《素問·寶命全形論》說：「人以天地之氣生，四時之法成。」《莊子》亦說：「通天下一氣耳。」所以，功家亦說：氣者，人亦因之而生，功亦因之而精，技亦因之而神。可見氣的效用之大之廣。

氣，又寫作「炁」，所謂氣泛無神而屬後天，炁專有性而為先天。今則以氣字通用矣。然而氣在人體，因其生化不同，則極變莫一，俞派少林金剛門內功練習所及之氣，主要有以下幾種。

一、元　氣

元者，原也，端也。為先天之精所化，故又名「原氣」。前人常寫作「元炁」。元氣根於命門，經三焦而流溢於全身，其能為人體生命活動之原動力，是派生其他生理之氣的基礎物質和重要組成部分。能促進人體之生長和發育，溫煦和激發各個臟腑、經絡、筋骨等組織器官之生理活動功能，是人體生命活動的原動力，為內功修練之主

氣。

二、真　氣

真氣，亦稱經氣。即吸入空氣中之清氣循行於經絡者也，近似現代科學中之氧氣，屬後天之氣。《靈樞·刺節真邪篇》說：「真氣者，所受於天，與穀氣並而充身也。」這裏的「天」，指大自然。《醫門法律》說：「真氣所在，上者所受於天，以通呼吸者也。」「所受於天」即來源於大自然之清氣。真氣充養周身的功能是由與穀氣並行來共同實現的。

《素問·離合真邪論》說：「真氣者，經氣也。」「經氣」指的是經脈之氣和經絡之氣。因真氣能與營衛二氣並而充身，故真氣內循經脈則並營氣行經絡、貫五臟、注六腑，外行則並衛氣行分肉、達肌膚，而起到壯內禦外之功。故有人稱真氣為抗禦外邪之正氣，亦因此也。所以，真氣為內功中大周天功法鍛鍊的主氣之一。

近人甘肅李少波先生在其《真氣運行法》一書中，將真氣增演為「先天真氣」與「後天真氣」兩類，此亦不妥，因真氣為空氣中之清氣吸入體內循經而成，乃是後天之屬，而其「先天真氣」之含義實即元氣，用「先天真氣」代表元氣以區別於真氣，不僅易生混亂，也不免感到牽強附會。

三、穀　氣

穀氣，又稱「水穀之氣」「水穀精氣」。屬於後天之氣。穀氣生於脾胃，而源於飲食水穀之精微。因其所出之

部位不同，分佈及功能有異，又分為營、衛二氣。穀氣與真氣關係非常密切，二氣相並，則邪難客留；二氣相離，易使邪氣乘虛而入，使人發病。《靈樞・刺節真邪篇》說：「榮衛稍衰，則真氣去，邪氣獨留，發為偏枯。」《素問・離合真邪論》說：「榮衛散亂，真氣已失，邪獨內著，絕人長命。」

　　穀氣也是宗氣的重要組成部分，宗氣是由穀氣與吸入之清氣相合而成。同時，穀氣也是人類賴以生存、保持健康的必要物質，穀氣充則精足神全，血氣旺盛。若穀氣一虛，則諸氣皆失養而俱虛。所以，穀氣為內功鍛鍊中非常重要的基礎物質。下面就營、衛二氣分述之。

　　營氣，富於營養，所以又稱「榮氣」。其性屬陰，故又稱「營陰」。營氣與血關係密切，可分而不可離，故常「營血」並稱。營氣出於中焦胃腑，上傳於肺，分佈於經絡、血脈之中，而循行於上下、表裏，終而復始，涵養全身。其性溫順，注於脈中則與血同行，注於太陰肺經則循行於十四經脈。有化生血液、營養經氣及四肢百骸之功能。其居於掌中勞宮，功法中常有意守勞宮及吸氣內收、呼氣外放之法，實為吸以導營內養、呼以放營益人也。

　　衛氣，因其能護表禦外，故稱「衛氣」。其性「慓疾滑利」，善竄透游走而行於脈外，屬陽，故稱「衛陽」。其出於下焦，而先行於四肢。其晝則行於陽，即行於體表，夜則注足少陰腎經而行於陰，即流注五臟。復歸於腎，環流不已。此氣得陽而外出，得陰而內侵。常留於陽則陽氣滿，陽氣滿則陽蹻脈盛；常留於陰則陰氣盛，陰氣盛則陰蹻脈滿。衛氣有溫養肌肉、皮膚，調節腠理開闔、

抗禦外邪之功能。

四、宗　氣

宗氣，又名大氣，為人體吸入大自然之清氣（即真氣）與水穀精氣相合而成。宗氣搏集於胸部膻中氣海而不散走經絡。能走息道而行呼吸，貫心脈以行氣血，其上能輸於腦，下能運於丹田。呼則出於氣海，吸則入於氣海。《靈樞·邪客篇》說：「宗氣積於胸中，出於喉嚨，以貫心脈而行呼吸焉。」

宗氣屬於後天之氣，有統攝、主持諸氣之功能。元氣賴此氣之供養，才能發揮其原動力之功；真氣據此氣之幹旋，才能充養周身；穀氣有此氣之主持，才能循行內外；內氣有此氣之統宗，才能堅筋壯骨。可見宗氣在內功鍛鍊中之重要作用。

近世名醫張錫鈍說：「為其實用能幹旋全身，故曰大氣，為其為後天生命之宗主，故又曰宗氣。」喻嘉言認為：諸氣雖多，然而「統攝營衛臟腑經絡，而令充周無間，環流不息，通體節節皆靈者，全賴胸中大氣為之主持」。故宗氣為內功修練督運之主氣。

五、內　氣

內氣，是人體在意識的主導下，通過內功的特定鍛鍊，將元氣、真氣、穀氣、宗氣綜合而成。內氣以元氣為主體，以宗氣為臣輔，以谷氣為營佐，以真氣為運使，為內功鍛鍊所獨具之功能性物質。每個人體內都有產生內氣的基礎物質，即元氣、宗氣、穀氣、真氣等精微物質，但

不是每人都有內氣，只有透過內功的鍛鍊，才能產生出內氣。內氣之源為精，內氣之用為神，所謂「練精化氣」「練氣生神」也。

內氣，除了具有以上諸氣的功能和特點以外，更具有著以上諸氣所不能具備的特殊功能，歸納起來，主要有以下四點：

1.諸氣（專指人體生理之氣，以下皆同）在體內的運動屬於自然運動，只受人體生理活動的影響，而不受人體意識的控制；內氣則能按照人體意識的導引，產生快、慢、聚、散等等形式的運動，即隨意運動。所謂「意到氣到」也。

2.諸氣在體內運行，均各行其道。例如營行脈內，衛行脈外，宗氣上輸於腦、下達丹田等等，這種單獨運行及單一區域的功效較之內氣之通行周身的功效而言，相差甚遠，內氣能將具備諸氣之諸多功能同時運達全身，上下內外，無微不至，故內氣之健身功效更強、更廣泛、更顯著。

3.諸氣之功能僅具有養身的保健價值和效用，而內氣能由相應的鍛鍊轉化為各種特異功能。如增強筋骨的硬度、加大剛柔勁力、提高身體的各種耐受能力、挖潛聰慧益智等等。所謂「一物能化謂之神」。

4.內氣是內功功力的主要表現，內氣的強弱，是內功鍛鍊程度的標誌。

總之，少林內功之鍛鍊是以強盛內氣為主要入手之法。而練氣之學，分而言之，則有元氣、宗氣、真氣、穀氣等等之類，所謂「培其元氣、守其宗氣、保其真氣、養

其穀氣」也。合而言之，則一內氣耳。

第三節　少林內功內氣循行方向

內氣的強弱是內功功力高低的重要標誌，所以，內氣
鍛鍊是少林內功的主要內容之一。但是，內氣鍛鍊時其在
人體內的循行方向究竟是怎樣運行的？是順著經絡的流注
方向循行，還是逆著經絡方向運行？特別是少林內功的內
氣循行方向應該如何導引？不少武術和練功愛好者因不明
其理而莫衷一是。

在拙著《少林易筋經內功》及有關文章在《武魂》刊
出後，亦有不少讀者來信詢問此類問題，如廣東三水市一
武功愛好者來信說：「我讀過一些氣功資料，發覺同樣是
任督小周天，一種是由丹田—會陰—夾脊—百會—重樓—
膻中—丹田；另一種竟然是由丹田—膻中—重樓—百會—
夾脊—會陰—丹田。這兩種相反的循行路線不知誰對誰
錯？或者是誰好誰差？足三陰經由足上胸，而少林內功中
卻在通大周天時由丹田沿足三陰而下至足湧泉，與人體自
然經氣循行方向相反，為什麼？」

由此可見，由於一些著述講解不清，致使初學者如墜
五里霧中，難辨方位。今據本人練功心得體會及研究所
得，將其功理述之於下：

內氣循引方向不僅是內功鍛鍊必須掌握的基本內容，
也是瞭解、掌握功法原理必須具備的基礎知識，內氣循行
方向是經絡學說的重要內容之一，經絡學說是中國醫學基
礎理論的重要組成部分，也是養生保健、練功強身不可缺

35

少的基礎知識。明代著名的中醫、藥學家李時珍說「醫不知此，罔探病機；仙不知此，難安爐鼎」（仙，指練功家），由此可見經絡知識的重要性。人體經絡系統主要包括兩大部分，即經脈和絡脈。經脈內屬臟腑，外絡肢節，是人體「行氣血」的通道，所以，內氣的循行在經脈中就有一定的方向。

然而，關於內氣循行的方向，歷來就有兩種截然不同的說法，並且曾在中醫界引起過爭論和研討（詳情可參閱《江蘇中醫》）1959 年 3 月號及 1961 年第一期、第三期）。如奇經八脈中的任督脈，即功法中所說的「小周天」循環途徑，它的循行方向第一種說法是：經氣循督脈從上而下，循任脈從下而上，如中醫學的經典著作，稱「三墳」之一的《黃帝內經》在《靈樞·營氣篇》中說：「故氣從太陰出……合厥陰，上行至肝，從肝上注肺，上循喉嚨，入頏顙（指咽喉上部）之竅，究於畜門（指鼻之外竅）其支別者，上額循巔，下項中，循脊入骶，是督脈也。絡陰器，上過毛中，入臍中，上循腹裏，入缺盆，下注肺中，復出太陰，此營氣之所行也，逆順之常也。」

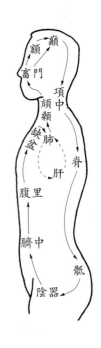

圖 2-1

其循行示意圖如圖 2-1。

另一種說法是：內氣循督脈從下而上，循任脈從上而下。如唐代的《上洞心丹經訣》：「又運精氣自尾閭，夾脊入腦……腦滿之後，丹自玄膺而下……至此則內丹成矣。」另外，唐代施肩吾撰《西山群仙會真記》：自尾閭穴起，從下關過中關，中關過上關，自上田至中田，中田至下田，而曰大河車也。」其循行示意圖如圖 2-2。

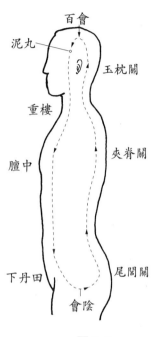

圖 2-2

再如十二正經即功法中所說的「大周天」循行路線，它的內氣循行方向也有兩種，第一種是：以兩手上伸姿勢而言（以下均同此姿勢），經氣循手足三陰經的循行都是從下向上走，循手足三陽經的循行都是由上向下走，也就是「陰升陽降」的規律。另一種與上述循行方向正好相反，即「陰降陽升」的循行規律。

這兩種相反的經氣循行方向的產生，是因為它們是從不同的角度和目的來認識和運用經絡的，並不存在誰對誰錯，抑或誰好誰差的問題。

上述的第一種經氣循行方向是從人體正常生理的角度來說明營氣運行的正常走向，也就是說陽經是從上而下，

陰經是從下而上的生理運行規律，即「陰升陽降」的生理規律，所謂「虛化神，神化氣，氣化精，精化形，形成人」的「順生」規律。

而上述的第二種說法是從練功功理的角度和目的來說明內氣運行走向的，也就是說陽經是從下而上的，陰經是從上而下的功法運行規律，即「陰降陽升」的功理規律，以達到「怡神守形，養形練精，積精化氣，練氣化神，練神還虛」的「逆合」規律。

《金丹大要》曰：「順則成人，逆則成仙。」《黃帝外經·陰陽顛倒篇》說：「陰陽之原，即顛倒之術也，世人皆知順生，不知順之有死；皆知逆死，不知逆之有生。」《逆順探原篇》進一步說：「順生不生，逆死不死。」也就是說，練功時使經氣逆轉，反生理運行之方向而循行，就可以達到返還長生的功效。

綜上所述，內氣循行的方向從正常的生理運行來說，經氣循督脈是從上向下運行，循任脈是從下向上運行；經氣循十二經的手足三陽經的經氣是從上向下運行的，手足三陰經的經氣是從下向上運行的。而從練功的角度來說，任督脈即小周天的運行方向是循督脈由下向上運行，循任脈是由上向下運行；內氣循十二經的手足三陽經是從下向上運行，手足三陰經是從上向下運行的。

現將十二經及任督脈在練功時的內氣循行方向歌訣抄錄如下，以便初學者參考和記憶。

少林內氣循行方向歌

足之三陰腹走足，足之三陽足頭注。

手之三陽頭入手，手之三陰手胸赴。

內功氣須逆向走，順則成人逆仙途。

另有一語告練家，向下循任向上督。

第四節　勁　論

習武練功者，必言勁力，而內功之效，亦必及勁力。
然而何為力耶？何為勁耶？曰：力者，強也。乃改變物體
運動狀態之作用也。勁者，力中之剛、勇、堅、銳、巧、
妙者也。

人體勁力，向有內外之分，何也？曰：勁之與力，猶
「炁」之與氣，勁有意而含神，力無意而亡性。故勁稱內
而力稱外。

外力者，人體局部所生之力也。如腕力、指力、肩
力、背力等等。其量小、其效短、其用窄、其變寡，此日
常勞動所生之能也。

內勁者，人體全身所化之能也。其發能聚於一點，其
源起於周身。意之所至，勁之所達也。其量大、其用廣、
其變多、其效久，此練功所得者也。

然人之生也，必須先勞而後獲。故外力隨勞動而自
具，亦隨所勞而僅具。如手勞者則僅具手力，腳勞者則僅
具腳力。故曰：「外力無求。」而習武練功所需之勁，其
變則瞬，其化則妙，其質則極，其量則巨，此非生所能
具，亦非勞而能得者也。故曰：「內力必修。」

故勁者，以力為基，以氣為充，以意為用，勁之為
物，意、氣、力相合所致也。然筋為勁之體，勁為筋之

用，筋壯則勁勇，筋堅則勁剛，筋舒則勁柔，筋和則勁巧，故練勁必先練筋。以膜為筋之臣，故練筋必先練膜。又因筋膜為氣之主，故練膜必先練氣。設若筋弱而骨疏，膜靡而身萎，則無能為力矣。故練筋必先從練氣入手，蓋氣聚則至，氣至則膜張；氣充則行，氣行則膜起。筋膜張起，則膜與筋齊堅矣。筋膜堅則身成鐵石，內壯達矣。內壯既得骨力，則以意引達於外，剛之、柔之、明之、暗之、伸之、曲之，存乎人之妙用也。勁充周身，其用之廣，其效之具，神奇超人，以之禦敵，莫能擋之矣。此亦《易筋經》之主旨也。

勁有「百勁」之說，言其變化之多、用法之廣也。今略舉之，以觀其貌：

按類別有陽勁、陰勁、剛勁、柔勁、直勁、曲勁、明勁、暗勁等等；

按作用有吞勁、吐勁、聽勁、化勁、收勁、蓄勁、發勁、放勁、借勁、拿勁、提勁、沉勁、開勁、合勁、分勁、沖勁、聚勁等等；

按方法有崩勁、纏勁、走勁、沾勁、掤勁、捋勁、擠勁、按勁、採勁、挒勁、靠勁、搓勁、撅勁、捲勁、鑽勁、擰勁、滾勁、截勁、旋勁、順勁、冷勁、寸勁、斷勁、抖勁、脆勁、螺旋勁、空凌勁等等；

按其發出之部位有頂勁、肩勁、臂勁、肘勁、腕勁、掌勁、指勁、胯勁、膝勁、足勁、腰勁、背勁等等。

勁法之多、變化之廣，實難盡述，然則諸多之勁，不出陰陽之規，所謂「數之大，可千可萬，萬之大，不可勝數，其要一也。」習武之旨，不外攻防，攻則屬陽而用

剛，防則屬陰而用柔，故剛柔者，諸勁之綱領也。猶氣之為名，紛繁雜多，然不外先天、後天二氣耳，合則一氣也。故勁之名稱雖多，不外陰陽二勁，陰陽者，則柔也。此皆內勁之所化，實則一也。

近代武壇多以勁之剛柔而分外內，謂剛即少林，柔即武當。此未窺堂奧之門外談也。武功之臻於上乘者，無論何門何派，亦或何種拳種，皆以剛柔相濟為極旨也。如少林主剛，其蛇拳乃柔中之至柔也。武當主柔，其形意拳乃剛中之至剛也。此足證剛柔之於武功，無技不存，無處不在也。只不過入手不同，主次有別耳。蓋拳用攻防，剛而無柔不能化，柔而無剛不能發，全柔不能達其勢，全剛不能盡其法。剛能克柔又能生柔，柔能克剛而又生剛。故曰：剛極必柔、柔極必剛。孤柔不立，獨剛不存。此所謂「一張一弛之謂道者」也。

第五節　奇經八脈總說

奇經八脈即任脈、督脈、沖脈、帶脈、陰蹻、陽蹻、陰維、陽維八脈之總稱，是人體經絡系統之重要組成部分。經絡學說起源於導引吐納，但由於歷代功家珍秘而不宣，故反致其說晦而不彰、而常見於中醫著述之中，然奇經八脈之中，除任、督二脈之外，經穴甚少，醫療針灸用之不多，故論及者多略而不詳。

而奇經八脈於練功學中，卻是必不可不知之論，今集諸家之說及個人行功心得，整理如下，以備學習、鍛鍊、研討之資。

一、奇經八脈總論

經脈者，乃醫者行氣血、調虛實之道，功者練精氣、修神意之所也。經分奇正，十二正經之外，尚有奇經八脈。十二正經者，手有三陰三陽，足有三陰三陽，經者直行，絡者支橫，十二經脈之循行，陰陽相貫，如環無端，終而復始，無有休止。八脈者，沖、任、督、帶、陰蹻、陽蹻、陰維、陽維之總稱也。其奇也，無表裏、無相屬、無拘制，惟統領是職。

十二正經均為雙經，分行人體左右兩側，故正經實為二十四條，同一正經，在裏則連接臟腑，同出一根；在表則分行左右，互不相續。因此，二十四條正經之循行，在體表形成左、右兩大循環體系，陰陽相貫，如環無端，走而不守，類六腑瀉而不藏之義。

奇經八脈中，任、督、帶為單脈，單脈為頭尾相通；陰蹻、陽蹻、陰維、陽維為雙脈，雙脈為左右互通；沖脈為同起而異出，上合而下分，此五脈雖分左右，實為單體，以其左右互連也。

奇經八脈之經氣運行，本經自通，能守善蓄，類五臟藏而不瀉之義。故奇經有正經不具之功效。

奇經與正經之關係甚為密切，八脈之中任何一脈均與十二正經中某一類正經相通。如督脈與二十四經中的十二條陽經皆相通；任脈與二十四經中的十二條陰經皆相通；陽蹻脈與身側之六陽經相通；陰蹻脈與身側之六陰經相通；陽維脈與二十四經在體表之經相通；陰維脈與二十四經在身裏之經相通；沖脈則與二十四經皆通。且八脈中之

任何一脈均能統屬、蓄澤二十四經中之某一類經脈之經氣，當二十四經經氣滿溢時，則八脈納而蓄之，當二十四經經氣虧耗時，則八脈輸而澤之。

然而八脈對二十四條正經經氣之蓄澤，並不是廣泛而漫無選擇的，八脈對二十四條正經經氣的選擇性，表現在八脈中的某一脈對二十四經中的某一類屬性或範圍之正經經氣進行歸類性的蓄澤。如身之一側六陰經經氣有餘時，陰蹻脈則納而蓄之，不足時，陰蹻脈則輸而澤之，故陰蹻脈「主一身左右之陰」。當身之一側六陽經經氣有餘時，陽蹻脈則納而蓄之，不足時，陽蹻脈則溢而澤之，故陽蹻脈「主一身左右之陽」。

二十四經處體表之經氣有餘時，陽維脈則收而蓄之，不足時，則溢而澤之；二十四經處體裏之經氣有餘時，陰維脈則收而蓄之，不足時，則陰維脈溢而澤之，故陽維脈「主一身之表」，陰維脈「主一身之裏」。任脈任承十二陰經經氣之盈虧，故有「陰脈之海」之稱。督脈總督十二陽經經氣之盈虧，故有「陽脈之海」之名。沖脈通行二十四經，無處不到，故有「經脈之海」之譽，帶脈約、調縱行之經脈，為諸經之機樞，故有「總束諸脈」之贊。由此可見，奇經者，實經脈中之大經也。

功家鍛鍊奇經八脈中之一脈，即可勝過正經數經鍛鍊之功效，因八脈之效，各重一類，其效尤彰，遠非正經數經鍛鍊之效可以相比者。

奇經與正經之於人體，一為先天之根，一為後天之主。當人處母腹之內，奇經八脈開啟通暢而為先天運輸氣血精微之道，當人體出生之後，一離母體，便以肺呼吸而

轉啟二十四經以運氣血，致使八脈漸漸荒廢不用，幾達閉塞之域，而內練之法，多能啟其用而彰其效，故練功之所以重八脈者，實得練氣之大要者也。

全真南宗首祖張紫陽曰：「凡人有此八脈，俱屬陰神，閉而不開，惟神仙以陽氣沖開，故能得道，八脈者，先天大道之根，一氣之祖。」「醫而知乎八脈，則十二經、十五絡之大旨得矣，仙而知乎八脈，則虎龍升降、玄牝幽微之竅妙得矣」。

今將八脈之圖說，附載於下，以備研習之用。

二、奇經八脈圖說

(一)任　脈

脈名釋義

《中華大字典》：「任者，載也、保也、通壬。」壬者，水也，位元北方、陰極陽生。人壬合之曰任，是人身中水所蓄處也。水在物屬至陰，腹中線在體亦屬至陰，故將腹正中之脈命之曰任脈。

主要功能

任者，載也。由於任脈與十二正經中之六陰經皆相通而能承載、蓄澤諸陰經之經氣，故有「陰脈之海」之稱。《說文解字》：「任者，保也。」任脈起於胞中，任載周身陰經之氣，故能營養、保佑胞中胎育，故稱「任主胞胎」。楊玄操在注《難經》中說：「任者，妊也，此是人

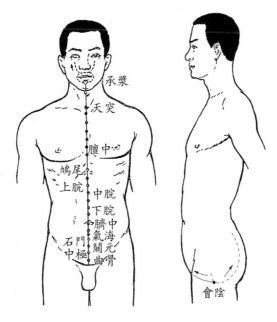

圖2-3　任脈

之生養之本。」

循行方向

1. 生理循行

《針灸甲乙經‧奇經八脈第二》曰：「任脈者，起於中極之下。以上毛際，循腹裏，上關元，至咽喉，上頤，循面入目。」（圖2-3）

2. 功理循行

接督脈於泥丸、下腦，經頸過咽喉以入胸，循腹過臍

以入丹田。《唱道真言》曰：「自
泥丸順至降宮，翕聚神房，與五行
之氣渾合為一，歸於中黃臍內。」

循行部位考正

任脈在頭面部循行部位，歷來
多謂任脈由頸部上面，經廉泉、承
漿至人中交會於督脈。但據本人數
十年行功感受，從未感到內氣循任
脈上下時有循面之路，因而考慮到
功家內氣循行之路與針灸所言之經
絡尚有一定之差異，未可完全視為
一體，針灸所言之經絡路線皆以體
表穴位所在為依據，連接而成，而
功家經絡之路線，以內氣流注所過

圖 2-4 任脈

為依據，體感而覺。針灸之經絡已見諸醫書，惟功家之經
絡，則少有詳說，今將本人體覺之內景，繪圖解說於茲，
以供初學之參考。

內氣循督上升於泥丸後，則隨呼氣而下行，從泥丸直
下，沿頸部中央，入胸，沿胸腔前側、下循腹腔前側、降
至臍下、內收而納於丹田。（圖 2-4）

(二)督　脈

脈名釋義

督者，率也、催也、察視也。頭處人身之至高至尊，

腦為人身之大主，此脈上達頭部而通腦，為人身諸經脈之
至尊至高，亦為諸經脈之大主，故能統率、督察諸經脈。
《丹功丹經真解·丹經指南》說：「督者，總管之義，此
脈通，則百脈皆通。」故將此脈命之曰督脈。

主要功能

由於督脈上通大腦，內行脊裏，外出絡腎，與腦、脊
髓、腎等有著非常密切的關係，故能統率、督察人身之諸
經脈，而與人體之元氣和促進生長、發育有著密切的關
係。《中華大字典》說：「督者，率也，察視也。」同
時，督脈位處脊背，與人身之手、足三陽經及陽維脈交
會，能納蓄諸陽經之經氣，故又稱「陽脈之海」。

循行方向

督脈循行方向分為生理循行方向和
功理循行方向兩種。而其生理循行方向
又有著兩種不同的循行方式，現分述如
下：

1. 生理循行方向

《靈樞·營氣第十六》：「其支別
者，上額循巔下項中，循脊入骶，是督
脈也。」（圖2-5）

《素問·骨空論》：「督脈者，起
於少腹，以下骨中央……其絡循陰器，
合篡間，繞篡後，別繞臀至少陰，與巨

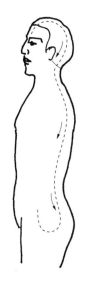

圖2-5　督脈

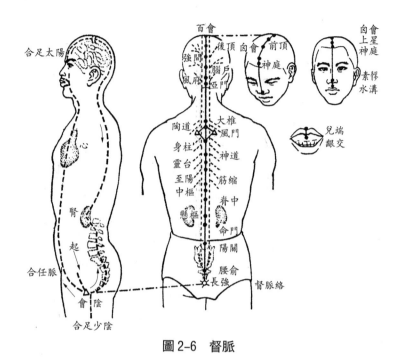

圖 2-6　督脈

陽中絡者、合少陰上股內後廉，貫脊屬腎。與太陽起於目內眥，上額交巓上，入絡腦，還出別下項，循肩膊內，挾脊抵腰中，入循膂、絡腎。」（圖 2-6）

2. 功理循行方向

《難經·第二十八難》：「督脈者，起於下極之俞，併於脊裏，上至風府，入屬於腦。」（圖 2-7）

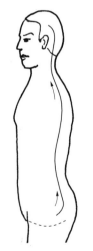

圖 2-7　督脈

循行部位考正

督脈循行部位，歷來眾說紛紜，其行身也，有循行於皮下者，有循行棘突中間者，有循行於脊內者，有循行於胸腹腔後側者……其行頭也，有由巔入腦者、有由項入腦者……等等不一，莫衷一是，往往使初學者如墜入五里霧中。今舉諸說之代表，辨正於下。督脈之循行部位，主要分為頭段與身段兩大部位。

1. 頭 段

督脈在頭部循行的部位主要有「交巔入腦」循行和「由風府沿顱骨外循行」以及「循脊裏入腦」循行三種。

① 交巔入腦循行

《素問‧骨空論》：「督脈者，起於小腹……與太陽起於目內眥，上額交巔上，入絡腦，還出別下項。」（見圖 2-6）

② 由風府沿顱骨外循行

《奇經八脈考》：「督乃陽脈之海……上至風府，會足太陽、陽維，同入腦中，循腦戶、強間、後頂上巔，歷百會、前頂、囟會、上星，至神庭，為足太陽、督脈之會，循額中至鼻柱，經素髎、水溝會手足陽明，至兌端，入齦交與任脈、足陽明交會而終。」（圖 2-8）

③ 循脊裏入腦

《難經‧二十八難》：「督脈者，起於下極之俞，併於脊裏，上至風府，入屬於腦。」見《金仙證論‧任督二脈圖》。（圖 2-9）

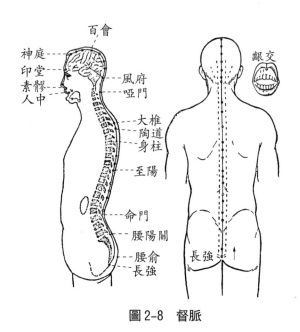

圖 2-8　督脈

考正

　　督脈在頭段的循行，如處皮膚之內與顱骨之外之間隙，必無主幹循行之內境，故其上額循巔者，乃督脈之支別也，此屬針灸常用之絡脈也。而循脊入腦之循行乃內氣運行之主道、督脈之主幹也。故為功家內氣循行之經脈也。

2. 身段

　　督脈在身段部的循行部位歷來說

圖 2-9　督脈

法甚多，有「棘中」循行、「皮下」循行、「脊裏」循行、「後壁」循行、「上皮下壁」循行五種。

①「皮下」循行

督脈循行於背部皮膚之下與脊椎棘突之間。見《中醫基礎理論》。（見圖2-8）

②「棘中」循行

督脈循行於背部脊椎之棘突與棘突之間。見《輸穴學》經穴圖。（圖2-10）

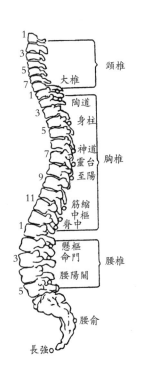
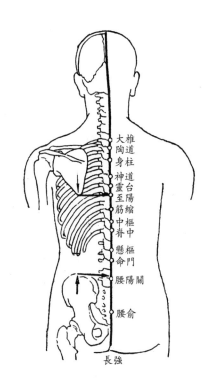

圖2-10　督脈

③「脊裏」循行

督脈循行於脊柱之裏。《難經・二十八難》：「督脈者，起於下極之俞，併於脊裏，上至風府，入屬於腦。」

④「後壁」循行

督脈循行於脊柱內側，胸、腹腔之後壁。見《金仙證論・任督二脈圖》（見圖 2-9）

⑤「上皮下壁」循行

督脈循行在腎之上則循行於脊柱與皮膚之間，在腎之下則循行於脊柱之內與腹腔後壁處。見《醫宗金鑒・刺灸心法要訣》督脈循行圖。（圖 2-11）

考正

脊髓藏於脊柱之裏、椎孔之中，為元氣之府，督脈為「陽經之海」，上通大腦，總督諸陽經，故督脈之主幹當為與脊髓「併於脊裏、上至風府，入屬於腦」，也即是循行於脊裏之脈。至於「皮下」循行，乃屬督脈浮而外出之別絡，為針灸穴位治療所應用。至於棘突之間之督脈穴，實為針刺之感應點；本無上下循行之內境，不可以「經脈」視之。

《金仙證論》督脈圖，雖源於功家實踐之體感直覺，但此圖描繪之體位，恐為沖脈之位置，因「沖脈上循背裏」（《靈樞・五音五味》），故此圖似有張冠李戴之嫌。

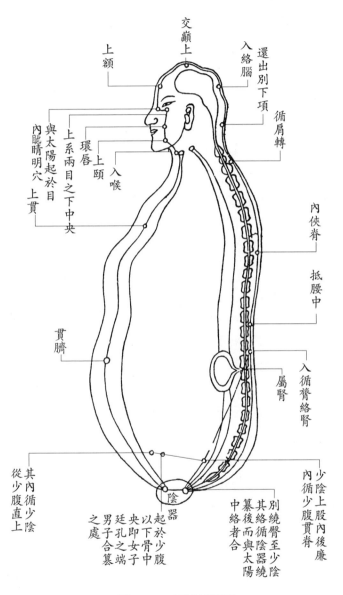

交巓上

上額

入絡腦

還出別下項

循肩轉

與太陽起於目
內眥睛明穴上貫

上系兩目之下中央

環唇

上頤

入喉

內俠脊

抵腰中

貫臍

入循膂絡腎

屬腎

其內循少陰
從少腹直上

陰器

起於少腹
以下骨中
央即女子
廷孔之端
男子合篡
之處

別繞臀至少陰
其絡循陰器繞
篡後而與太陽
中絡者合

少陰上股內後廉
內循少腹貫脊

圖 2-11　督脈循行圖

(三)沖　脈

脈名釋義

沖之本義，《說文》曰：「通道也。」《方言》曰：「動也。」《中華大字典》曰：「隧也。」《集韻》曰：「要也。」由於此脈上輸於背之大杼，下出於足下巨虛之上下廉，通行於手足三陽經，分佈於頭面五官，下並足少陰「循跗，入大趾間」，「其浮而外」則達於肌膚，深藏於內則伏於背裏，通行周身經脈，故為周身經脈氣血之主要通道，而將此脈命之曰沖脈。

主要功能

由於沖脈貫通全身，故具有通行全身經脈氣血之功能。其次，沖脈能通受和調節全身五藏六府、十二經脈之氣血，故有「十二經脈之海」和「血海」及「經脈之海」之稱。《靈樞・海論》：「沖脈者，為十二經脈之海。」《素問・痿論》：「沖脈者，經脈之海也。」由於沖脈具有向上「滲諸陽、灌諸精」，向下「滲三陰，滲灌溪谷」的功效，故沖脈之盛衰能直接影響全身體質之強弱。《靈樞・海論》：「血海有餘，則常想其身大，怫然不知其所病；血海不足，亦常想其身小，狹然不知其所病。」沖者，充也。

循行方向

沖脈循行方向分為生理循行方向和功理循行方向兩種，現分述於下：

少林強身內功

1. 生理循行

沖脈起於胞中，其在人體循行有上行與下行之兩歧。
《靈樞‧五音五味》：「沖脈、任脈皆起於胞中。」（圖
2-12）

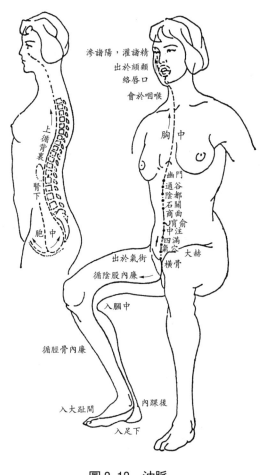

圖 2-12　沖脈

① 上行支

《靈樞·五音五味》：「上循背裏，為經絡之海。其浮而外者，循腹右上行，會於咽喉，別而絡唇口。」

《靈樞·逆順肥瘦》：「夫沖脈者，五藏六府之海也，五藏六府皆稟焉。其上者，出於頏顙（指咽喉上部和後鼻道），滲渚陽，灌渚精。」

② 下行支

《靈樞·逆順肥瘦》：「夫沖脈者，五藏六府之海也，……其下者，注少陰之大絡，出於氣街，循陰股內廉，入膕中，伏行骭骨內，下至內踝之後，屬而別；其下者，並於少陰之經，滲之陰；其前者，伏行出跗屬，下循跗入大趾間，滲諸絡而溫肌肉。」

《靈樞·動輸》：「沖脈者，十二經之海也，與少陰之大絡，起於腎下，出於氣街，循陰股內廉，斜入膕中，循脛骨內廉，並少陰之經，下入內踝之後，入足下；其別者，斜入踝，出屬跗上，入大趾之間，注諸絡，以溫足脛，此脈之常動者也。」

2. 功理循行

沖脈始於胞中，上行則沿背裏貼脊柱裏側上行至肺（膻中）沿肩井循手三陽經至手指。下行則從膻中循足少陰沿腹下行至胞中丹田，循大腿內側、脛骨內沿下行至足底。（圖 2-13、圖 2-14）

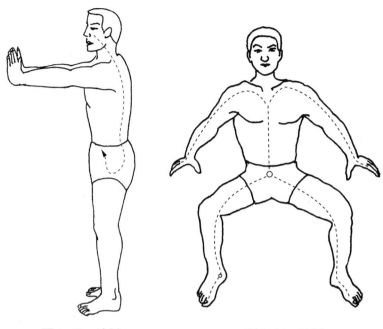

圖 2-13　沖脈　　　　　　　　圖 2-14　沖脈

(四) 帶　脈

脈名釋義

　　《廣雅釋詁》說：「帶者，束也。」《說文解字》說：「帶，紳也」「象繫佩之形，佩必有巾，從重巾。」帶繫腰中，總束上下之巾，故曰重巾，此脈環腰而過，束身一周，如帶之狀，故名之曰帶脈。

主要功能

　　帶脈約束縱行之諸經，上下調柔，使不妄行。

循行方向

帶脈起於季脅之章門穴，交會於足少陽膽經之帶脈、五樞、維道穴，圍繞腰腹一周，前平臍，後平十四椎。《難經・廿八難》：「帶脈者，起於季脅，回身一周。」但歷來均無循行方向之說。然脈有循行，必有方向。考正如下。

循行方向考正

人體左陰而右陽，男子以陽氣為用，故右強，女子以陰血為用，故左巧。故而帶脈之環腰有左起右起之分。

1. 生理循行

人生天地之間，故與天地相應也。晝則陽氣盛，故帶脈起於右而向左轉，夜則陰氣盛，帶脈始於左而向右轉，此所謂「陽得陽旺、陰得陰助」也。（圖 2-15）

2. 功理循行

功家練陽則氣始於右之章門，而氣從右側出，由前向左循行，若練陰則氣始於左之章門，而氣從左側出，由前向右循行。

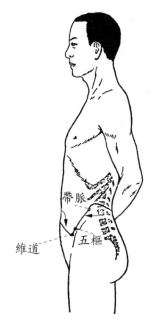

圖 2-15　帶脈

循行部位

帶脈出自兩脇之章門，向前下交會於足少陽膽經的帶脈、五樞、維道穴，圍繞腰腹部一周，前平臍，後平十四椎。

(五)蹻　脈

脈名釋義

蹻，《說文解字》曰：「舉足行高也。」《中華大字典》：「健也，捷舉手足也，武貌、強盛也，翹也。」由於此脈有健壯、強盛手足之功效，能使手足捷舉行高，故稱此脈為蹻脈。蹻脈有陰陽之別。

主要功能

陽蹻脈主一身之陽經，能調節周身陽經經氣之盈虧，陰蹻脈主一身之陰經，能調節周身陰經經氣之盈虧，而二經尤以調節足經為主，故能蹻捷兩足。

蹻脈「上通泥丸，下透湧泉」，能聚散真氣，使其上下往來，故能輕健身體，返壯衰容。

李瀕湖在《奇經八脈考》中引張紫陽《八脈經》說：「八脈者，先天大道之根，一氣之祖。採之惟陰蹻為先，此脈才動，諸脈皆通；次督、任、沖三脈，總為經脈造化之源。而陰蹻一脈，散在丹經，其名頗多，曰天根、曰死戶、曰復命關、曰半都鬼戶、曰死生根。有神主之，名曰桃康。上通泥丸，下透湧泉。倘能知此，使真氣聚散皆從

此關竅，則天門（指頭腦）常開，地戶（指生育之門）永閉。尻脈（指督脈）周流於一身，貫通上下，和氣自然上朝。陽長陰消，水中火發，雪裏花開，所謂『天根（指丹田）月窟（指大腦）閒來往，三十宮（指小周天運行）都是春。』得之者，身體輕健，容衰返壯，昏昏默默，如醉如癡，此其驗也。要知西南之鄉乃坤地，尾閭之前，膀胱之後，小腸之下，靈龜之上，此乃天地逐日所生氣根，產鉛之地也，醫家不知有此。」

《甲乙經》：「蹻脈有陰陽，何者當其數？曰：『男子數其陽，女子數其陰，當數者為經，不當數為絡也。』」楊上善《太素》注：「男子以陽蹻為經，以陰蹻為絡；女子以陰蹻為經，以陽蹻為絡也。」張隱庵注：「陰蹻之脈從足上行，應地氣上升，故女子數其陰。陰蹻屬目內眥，合陽蹻而上行，是陽蹻受陰蹻之氣，復從髮際而下行至足，應天氣之下降，故男子數其陽。」

循行方向

〔陽蹻脈〕

1. 生理循行

張隱庵曰：「陰蹻屬目內眥，合陽蹻而上行，是陽蹻受陰蹻之氣，復從髮際而下行至足，應天氣之下降。」

2. 功理循行

《難經·二十八難》：「陽蹻脈者，起於跟中，循外

踝上行，入風池。」

考正

陽蹻脈之功理循行，始於
足心（湧泉），沿外踝後上
行，直上股外廉，循脇後，胛
上，至咽喉，內支經咽喉而止
於泥丸；外支則上口角，目內
眥，上髮際，下耳，入風池而
終。（圖2-16）

〔陰蹻脈〕

1. 生理循行

《難經・二十八難》：
「陰蹻脈者，亦起於跟中，循
內踝上行，至咽喉，交貫沖
脈。」

圖2-16　陽蹻脈

張隱庵曰：「陰蹻之脈從足上行，應地氣上升。」

2. 功理循行

考正

陰蹻脈內支始於泥丸，向下至咽喉；外支始於目內
眥，下行經鼻旁，過咽喉，入缺盆部，沿腹，循下肢內側
至足湧泉部。（圖2-17）

循行部位考正

陰、陽蹻脈外支的循行在目內眥交會，而內支則在泥丸交會。但陰蹻脈或陽蹻脈本身左右各有一條經脈，它們在頸部有一個「維筋相交」的現象。《靈樞‧經筋》：「足少陽之筋……上引缺盆、膺乳、頸維筋急，從左之右，右目不開，上過右角，並蹻脈而行，左絡於右。故傷左角，右足不用，命曰維筋相交。」由於「足少陽之筋」「並蹻脈而行」，故足少陽之維筋相交現象於蹻脈亦然。即蹻脈在頸部也是左脈斜而上行於右側，右

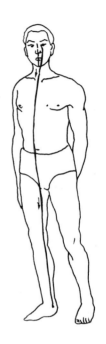

圖 2-17　陰蹻脈

脈斜而上行於左側。蹻脈此「維筋相交」的現象，諸多著述均未論及，故錯誤普遍存在，餘在練習內功中，於此脈之鍛鍊，甚有感悟，今特正之於上，以免謬誤流傳。

（六）維　脈

脈名釋義

維者，通緯。緯者，橫線。《中華大字典》曰：「維，繫也，連結也，持也。」此脈有蓄納諸脈之餘，溢濟諸脈之虧之功效，能調節諸經陰陽失衡、維絡諸經平

衡。維脈形直而用橫，故據其功效而命此脈曰維脈。

主要功效

維者，絡也。維脈有聯絡全身陰陽諸經的作用，並能維持諸經脈之平衡，諸經氣血有餘則蓄而納之，諸經氣血不足則溢而濟之。但維脈自身並不參與諸經脈的環周流注。故《難經・二十八難》說：「陽維、陰維者，維絡於身，溢蓄不能環流灌溉諸經者也。」陽維脈維絡全身體表之經；陰維脈維絡全身體內之經。

循行方向

1. 生理循行

《難經・二十八難》：「陽維起於諸陽會也，陰維起於諸陰交也。」頭為諸陽之會，故陽維脈起於頭部。三陰交為諸陰之交，故陰維脈起於小腿內側下方。其循行則陽維向下行外踝之後，陰維向上達於咽喉之中。

瀕湖曰：「蓋陽維由外踝而上，循陽分而至肩肘，歷耳額而終於衛分諸陽之會；陰維由內踝而上，循陰分而上脅至咽，行於營分諸陰之交。」

2. 功能循行

陽維由外踝而上，循陽部而至肩頤、歷耳額而終於諸陽之會。陰維由咽喉而下，循陰部而下脅、至膝下、而止於足。（圖 2-18、圖 2-19）

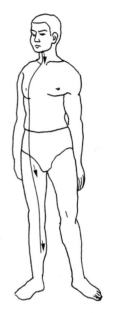

圖 2-18　陽維脈　　　　　　圖 2-19　陰維脈

第六節　奇恒六府總說

　　奇恒六府，即人體內腦、髓、骨、脈、胞、膽之總稱也。人體藏府以心、肝、脾、肺、腎皆能蓄精而不瀉，故稱之「五藏」，以小腸、大腸、胃、膀胱、三焦、膽皆能傳導而不藏，故稱之為「六府」。

　　所謂藏者，蓄也，匿也。府者，居處也。故藏者，納而不出。府者，居而不能久留也。張隱庵曰：「藏精氣者名藏，傳化物者為府。」而府稱奇恒者，異於常府也。此六府者，其形中空似府，其能藏蓄似藏，似府非府，似藏

少林強身內功

非藏，此其稱奇恒之一由也。《素問‧五藏別論》說：「腦、髓、骨、脈、膽、女子胞，此六者，地氣之所生，皆藏於陰而象於地，故藏而不瀉，名曰奇恒之府。」奇恒六府之藏者，人身之精、氣、神、髓、血、液也。此六者乃人身精微中清中之清者也。

清代張隱庵在注《素問‧五藏別論篇》時說：「此節論飲食於胃，有氣味清濁上下出入之分，當知奇恒之府亦受清中之清者也。」腦為神之府，髓為氣之府，骨為髓之府，胞為精之府，脈為血之府，膽為液之府。人身之中，神、氣、精、髓、血、液者，皆生命之至寶也，豈可缺少耶？抑或可以須臾離之耶？吾知其不可也。於此可見奇恒六府之藏非一般之飲食水穀可比也。此其稱奇恒之二由也。或曰：此六清五藏亦藏之，如腎藏精、髓，肺藏氣，心藏神，脾藏津液，肝藏血等皆然。答曰：五藏非藏也，乃主也。試問：腎僅兩枚能藏多少之精、髓？誰又見其內有精髓存藏？因腎氣有主宰藏精之功能，故曰：腎主藏精，而不能言腎藏精。其餘四藏亦然，如肝主藏血，心主藏神，脾主生津液，肺主出氣，腎主納氣等。

功法中有「三田」「三寶」之說，三田者，上、中、下三丹田也，乃功家產丹之地。三寶者，精、氣、神三清也，乃功家練丹之物質。

精、氣、神之所以稱為人生三寶者，以精為構成人體之物質基礎。如《素問‧金匱真言論》說：「夫精者，生之本也。」氣，指元氣，亦稱原氣。它既是充養人體之精微物質，亦是人體之功能表現，故曰：「氣者，生之能也。神，是人體生命活動現象之總稱，主導著人體活動之

進行，故曰：「神者，生之主也。《聖濟經》卷八中亦說：「神者，生之制也。」由於法重三田，功重之寶，而奇恒六府與精、氣、神及上、中、下三丹田有著非常密切之關係，故內功鍛鍊者，尤其重視奇恒六府，能知此六奇之真義，然後才能練有所主，功有所成。

奇恒六府分說

(一)腦

腦為神之府，又稱髓海，因腦體為髓所構成。《靈樞・海論》說：「腦為髓之海。」故腦有主髓之功能，腦主之髓，包括了腦中之髓、脊中之髓、骨中之髓。《素問・五藏生成篇》說：「諸髓者，皆屬於腦。」髓乃精氣所化，生於先天而長於後天，《靈樞・經脈》說：「人始生，先成精，精成而腦髓生。」

腦中所藏之神有先天元神與後天識神之分。所謂先天元神者，與生俱來之神也。後天識神者，生後所育之神明也。元神為人生之原精原氣所化，元神之態，如太極之萌動，渾沌初分，其藏於腦中之泥丸宮。明代李瀕湖曰：「腦為元神之府。」識神，為後天之精氣所育，識神之儀，如陰陽之開合，智妙變化。元神為識神之基，識神為元神之用，故曰：「元神生識神。」生者，演化之義也。由於兩神俱藏腦中，故《素問・脈要精微論》說：「頭者，精明之府。」

精者，神之基也；明者，神之用也。頭內藏腦，人之思辨，皆在腦內，可知腦之功能即神明也。神明為人生之

大主，人身六合藏府經絡氣血等，皆為神明所主。故《素問・靈蘭秘典論》說：「故主明則下安，……主不明，則十二官危。」所謂「十二官」者，即五藏、六府及心包也。可見腦之重要。

神明的基礎物質是髓，髓為精氣所化生，神明產生之來源，為父母兩精之搏結。故《靈樞・本神》說：「兩精相搏謂之神。」神產生以後，又有賴於後天水穀精微之充養、濡潤，故《靈樞・平人絕穀》說：「故神者，水穀之精也。」由於水穀精微須靠血液之運載以充養腦神。故《靈樞・營衛生會》說：「血者，神氣也。」神的健旺與否與血量之充盛及脈道之通暢與否有著非常密切的關係，故《靈樞・平人絕穀》說：「血脈和利，精神乃居。」由於心有主血脈之功能，故有「心主神志」「出神明」之說，所謂心主神明者，以神賴血養之故也。《靈樞・本神》說：「心藏脈，腦舍神。」說明神實藏於腦中。

神之功用非常廣泛，如整個人體所表現於外的形態、語言、情感以及各種內在的生理活動等等都是神的反映，由於神之功用於人生中無所不在，不可揣測，故《內經》說：「變化不測謂之神。」

由於腦為藏神之府，而為功家練神還虛之處，故稱之為「上丹田」。人之諸多識神皆藏腦中，故又稱腦為「百神之命窟」「百靈之命宅」。

因神為人身之大主，功家稱神之居處為「宮」，藏府為人身之十二官，故稱其為府，腦中有九宮而藏諸神，元神居中，故其處稱「泥丸宮」。《上清黃庭內景經・至道章》說：「腦神精根字泥丸。」務成子注曰：「泥丸，腦

之象也。」《大洞經》說：「眉間卻入一寸為明堂，直上一寸為天庭宮；眉間卻入二寸為洞房，直上一寸為極真宮；眉間卻入三寸為丹田，亦為泥丸宮，直上一寸為丹玄宮；眉間卻入四寸為流珠宮，直上二寸為太皇宮；眉間卻入五寸為玉帝宮。」又因元神所居之處，內空如穀，而神居之，故名天穀泥丸，亦名黃庭。

（二）髓

髓有腦髓、脊髓、骨髓之分，此因其所在部位不同而名異也。諸髓皆以精為基而化生。而髓之稱府者，脊髓也。因脊柱之形中空似管，為髓中之最長大者，故而稱府。

脊髓為氣之府。脊髓中所藏之氣為元氣，亦稱原氣。脊髓內含督脈，故脊髓內蓄周身之陽氣。或曰：膻中亦稱藏氣之府，其與脊髓何異耶？答曰：膻中為藏宗氣之府而脊髓為藏元氣之府，此二者之不同也。

功家謂督脈通則經脈皆通者，以督脈內含於脊髓，而脊髓中藏元氣，元氣為人體諸氣之根源，故督脈通則元氣可藉以通達全身，則諸經皆通矣。

脊髓之根在腰，腰為腎之府，內含命門，所謂門者，關也。命門即性命之關樞也。命門在兩腎之間，原氣在胞中產生以後，通過命門關竅，內藏於脊髓，是人體生命之根本所在。故《難經・三十六難》說：「命門者，諸神精之所舍，原氣之所繫也。」元代滑壽亦稱命門「為元氣之根本，性命之所關」。《素問・刺禁論》說：「七節之旁，中有小心。」由於脊髓中之原氣通行於腰部兩腎之

間，故《難經》稱原氣為「腎間動氣」。《難經・二十八難》說：「所謂生氣之原者，謂十二經脈之根本也，謂腎間動氣也，此五藏六府之本，十二經脈之根，呼吸之門，三焦之原，一名守邪之神，故氣者，人之根本也。」

　　脊髓中所藏之原氣，上通於腦，下出於骶。產生於胞中，經腰間命門而進入脊髓以藏之。原氣之出，由脊髓下骶入臍，循腹注肺，營運全身。《靈樞・營氣篇》說：「精專者，行於經隧，常營不已，終而復始……其支別者，上額循巔，下項中，循脊入骶，是督脈也。絡陰器，上過毛中，入臍中，上循腹裏，入缺盆，下注肺中，復出太陰。此營氣之所行也，逆順之常也。」元氣也通過三焦而流行於全身，作用於機體，《難經・六十六難》說：「三焦者，原氣之別使也。」

(三) 骨

　　骨為髓之府，此髓指散在周身之骨髓。因周身之髓藏於骨腔之內，故《素問・脈要精微論篇》說：「骨者，髓之府。」髓為精所化，由腎氣的溫煦和推動作用，促使精轉化為髓。故《素問・陰陽應象大論》說：「腎生骨髓。」所謂生者，催化也。即腎能化精為髓，而藏之於骨。故又謂「腎之充在骨」。

　　由於骨髓須靠腎氣之催化，腎氣旺盛，才能化精為髓，故《素問・四時刺逆從論》說：「腎主身之骨髓。」骨之生長發育，有賴於骨髓之充盈、濡養，故骨之主在腎。

(四)胞

胞為精之府，而居臍下。胞中所藏之精為先天之精及後天之精。內功練精化氣以生丹，故胞又稱下丹田。張隱庵曰：「胞者，養胎息，結靈胎者也。」《胎息經》曰：「胎從伏氣中結，氣從有胎中息，結精育胞化生身，留胎止精可長生。」

唐代楊玄操在注《難經・六十六難》中說：「臍下腎間動氣者，丹田也。丹田者，人之根本也，精神之所藏，五氣之根原，太子之府也。男子以藏精，女子主月水，以生養子息，合和陰陽之門戶也……故知丹田者，性命之本也。」張景岳在《類經・卷三》中亦說：「氣化之原，居丹田之間，是名下氣海，天一元氣，化生於此。」

精之為物，除化氣成髓等功能以外，在生殖方面，女子以化月事之血，男子以成溢瀉之精。由於胞在女子，行經孕育，顯而易見，故胞有女子胞之名，然胞於男子亦有，胞為任、腎、沖三脈所起之源，此三脈非女子僅有，男子亦有，可知男子亦當有胞也。然胞在女子則稱胞宮，其於男子則稱精府。《東醫寶鑒》引《仙經》說：「臍下三寸為下丹田，下丹田，藏精之府也。」《鍾呂傳道記》說：「丹田有三，上田神舍，中田氣府，下田精區。精中生氣，氣在中丹；氣中生神，神在上丹；真水真氣，合而成精，精在下丹。」

於此可見，胞既為藏精之府，又是功家產丹之地，其重要之至。

少林強身內功

（五）脈

脈為血之府。血乃全身之精微，又為諸精氣之載體。血液循行主要留存於脈中，故稱脈為血府。《素問·脈要精微論篇》說：「夫脈者，血之府也。」血之功效，尤其於女子更為重要，凡婦女之經、帶、胎、產、育皆以血為本，故前人謂男子以精為本，女子以血為本。而血之營養功效之發揮，全在運行之通暢，若血液淤滯，則於人體不僅無益，反成害因。而血液之流暢與否，取決於脈道之通利與否。《靈樞·決氣》說：「壅遏營氣，令無所避，是謂脈。」可見脈對血液運行作用之重要。而脈之壅遏功能為心所主，所謂「心合脈」，即全身之血脈皆屬於心，心氣充沛，脈才能壅遏血液，令無所避，血液才能在脈內正常運行，周流不止，營養全身。所以，《素問·痿論》說：「心主身之血脈。」

（六）膽

膽為液之府。液乃津液中之濃稠者。《靈樞·五癃津液別》說：「其留而不行者，是謂液。」液灌注於骨節、藏府、腦、髓等組織，具有濡養之功能。《靈樞·決氣》說：「補養腦髓，皮膚潤澤，是謂液。」膽汁為液中清淨之汁，所謂「清中之清」者也。故而膽又稱「中精之府」。「中精」者，即液中之精華也。膽液為肝之精氣所化生，具有舒達之功能，脾胃運化之健旺與否與膽汁之排泄正常與否有著密切關係。《素問·寶命全形論》說：「土得木則達。」膽還與情志調節有著密切的關係，膽清

則神靜，膽盛則神健，膽弱則神祛。由於膽能藏能瀉，故又為六府之首。

綜上所述，奇恒六府內藏人體之神、精、氣、血、髓、液六元，且腦為上丹田，胞為下丹田，此皆醫、功兩家不可不重者，醫若盲此，何以診治？功不知此，難成其效，豈可不深而究之哉！

第 3 章
金剛門內功行功要訣

少林金剛門內功重在練氣練勁而有「八練」之說。即四步練氣法和四部練勁法。然練氣必有序，練勁必有勢。練氣之序，一曰聚氣，二曰行氣，三曰使氣，四曰調氣。練勁之勢，有頭部、身部、手部、足部四部。

氣者，內氣也。內氣包括元氣、宗氣、穀氣、清氣，故練氣即指此四氣也。然此四氣非分而自立，乃融合之體，不過略有主次，而以元氣為重也。勁者，氣力也。內走氣，外走力，使氣與力合，方稱為勁也。今將練氣之法，練勁之勢分述如下。

第一節　四步練氣法

一、聚氣法

聚氣之法，即意守神凝之法也。意為神之使，又為氣之主。意注則神往，意守則神凝，意守神凝氣隨，則氣聚矣。聚氣之時，外行呼吸以納清氣，內以意守使神斂而凝，神意內照，則少火溫煦，精得其溫，流溢而化，內氣

生焉。如此，體外之清氣納入，體內之元氣不耗，元精化氣，諸氣聯集則內氣聚矣。

聚氣之勢，以靜為主，少林金剛門內功多以靜勢聚氣。意靜之後，欲冥神斂，即輕垂眼簾，返觀內照，內視自身體內某一部位，一般多取丹田、膻中、泥丸或湧泉、勞宮、百會等，然多以丹田為主。此當因人、因功而異。當練至「五臟精盈、三田氣滿」之時，則聚氣已成，若稍加意導，則氣行經脈矣。故聚氣之法，實意注之法也。然意注之法，須先由「有為」而漸至「無為」。所謂有為者，即用意識自戒，逐步消除嗜欲放縱之劣性，靜意專注於一境，當意注達到「動靜忽忘照，身心亦自冥」的境地時，則已進入「無為」之界矣。如《易筋經內功》韋馱獻杵三勢及金剛內功樁功等勢，皆為聚氣之法。

二、行氣法

行氣，亦稱運氣。行氣者，神意內導，形體外助，使氣通達也。內氣之行，可上達百會，下至湧泉，內浹骨髓，外滲皮毛，三十六脈，無處不到。若然，則內氣散而不聚，復失聚氣之旨矣。故行氣之法，非任氣之自行也。當以意導之，使內氣集而專行。然人體之內，有十二正經、八脈奇經，何以為要？少林金剛門內功以奇經為綱，故重在奇經之練，而奇經八脈之練，因功效、部位之異而各有次序。首通督任，次啟二蹻，則行氣之道畢矣。

行氣之勢，即《易筋經內功》之韋馱獻杵第三勢及摘星換鬥勢等皆是。初期行氣，若氣流不濟，或道滯速緩，此時不必勉強行氣，仍宜多練聚氣之法，內氣充足，自然

流暢，所謂「水滿則溢」也。當練至氣流滾滾，意行則氣行，則已入充周外壯之境矣。

三、使氣法

使氣者，以意貫達內氣也。乃武功之獨具、行功之極致也。氣之貫達乃為強勁，而勁之性有剛、柔之別，剛疾而堅，柔緩而韌，故氣之使，亦有文武之別。剛勁用武，柔勁用文。使氣之時，當先聚蓄，聚蓄之所，亦因勁之剛柔而不同。剛勁之發，則丹田為宿氣之所、膻中為提氣之鄉；柔勁之運，則聚發於丹田，通行於背脊。氣既受使，必循經脈以趨，然八脈之中，能上至百會，下至湧泉，旁達四肢，直貫全身者，惟沖脈一經也。

故使氣之練，重在沖脈之道。練時以長吞短吐為要，用時以疾聚疾發為功，而以蓄發自如為神。故使氣者，以意主氣之法也。使氣之勢，多為動勢，常以武術之招法相合，以增強抗打、擊打之效能。如《易筋經內功》之出爪亮翅勢、三盤落地勢、倒拽九牛尾勢、臥虎撲食勢及《金剛內功》諸勢皆為使氣之勢。

四、調氣法

調氣者，理滯平和氣機之法也。練氣時偶有逆亂不順，則須行調氣法，使逆者返之，亂者平之，不順者和之，便無偏差不適之患。

調氣之法有內外之分，外調之法，意在消肢體筋肉之僵緊，內調之法重在理體內氣血之偏滯。諸法之用，須隨症而施，要在鬆活舒緩，以平和為期。調氣之勢，如《易

筋經內功》之青龍探爪勢、打躬勢、工尾勢等。

第二節　四部練勁法

一、頭部練勢

頭部有玉樓、頦二處之練勢。

(一)提玉樓

玉樓者，骨名。兩耳後之高骨也，位處顱骨乳突之上方。提玉樓骨，即將玉樓骨向上升提，使頭部直向上領，則可將尾閭上升於脊背之內氣上提，而升達於泥丸。所謂「提玉樓以升氣」也。

(二)收 頦

頦者，下巴也，嘴之下部。收頦即微收下頷，使項部正順，則神能提起，配合上提玉樓骨，使內氣直上頭部。所謂「收頦以正項」也。

二、身部練勢

身部有胸、背、肋、腰、襠五處之練勢。

(一)胸

胸有竦胸、涵胸之別。

1. **竦胸**：竦者，挺起也。竦胸即將胸部向前挺起，故有「艮山相似」之語。外氣入喉，灌於胸中，氣滿則胸自

竦矣。竦時必「四門」緊閉(四門即口、鼻、二陰)，不呼不吸，使氣滿不漏，則內外皆可貫之矣。故竦胸為練勁之必遵也。所謂「竦胸以貫氣」也。然此氣為天陽之氣，屬後天，必與先天之元氣相合，方能助勁充身也。

2.涵胸：涵者，含也，內藏之意。涵胸即胸部內凹也。使氣出盡而不入。所謂「涵胸以閉氣」也。

(二)背

背有貼背、拔背之勢。

1.貼背：貼者，緊靠也，貼背即背部脊骨向後上鼓起，兩肩胛骨向內下用力緊靠，使內氣由尾閭上升貼背而出也。養氣之時，背宜鬆活平正，以宜氣之往來，而練勁之時，背部宜緊貼，以利內勁之展放，使勁順膀臂而轉達於手，所謂「貼背以轉手」也。

2.拔背：拔者，高提也。拔背，即背部向上提，使由尾閭上升之內氣上提以達於脊背也。所謂「拔背以提氣」也。

(三)肋

肋有展肋、收肋之別。

1.展肋：展者，開張之謂也。展肋即左右兩肋之肋骨向外起張也。吸氣入胸，不可單一挺胸，單挺胸則氣不聚膻中而上湧於肺。氣上湧肺，其弊有二：一則肺失升降之機，下離腎根之固，人不動氣亦喘矣。久之，呼吸短淺急促，甚至張口抬肩，膨膨然喘症之機伏矣。二則膻中少氣，元氣失養，先天怯弱，練功則純屬外力矣。故展肋為

內功氣聚膻中之一重要練勢，展肋吸氣，既能長吞，又能疾聚，而利於使氣也。所謂「展肋以吸氣」也。

2. **收肋**：收者，闔也。收肋即兩肋向內關閉也。呼氣之法，不可使整個胸廓下降以行呼氣，如此行功勢大易疲，亦不可以小腹之收縮以行呼氣，此法勢緩不疾，難為技擊急發之用也。惟有以收肋呼氣為內練使氣之最佳妙法。收肋呼氣，既能短吐疾發，又能蓄發自如。所謂「收肋以呼氣」也。

(四)腰

活腰：活者，靈也。活腰即腰部靈動也。腰為人體上、下之大樞，腰部靈活，內則氣機升降通暢，外則姿勢上下協調。諸如肩與胯合、肘與膝合、手與足合等，離乎腰，其何能為？故腰為武功之一大練勢，可不重哉！活腰之要，在乎提胸、沉胯。胸向上提，胯向下沉，腰部自鬆，鬆則活矣。所謂「活腰以轉折」也。

(五)襠

襠有提襠、圓襠之異。

1. **提襠**：提者，上收也。襠即會陰，又名胯根。提襠，即將會陰部向上收縮，如忍便之狀，故又稱縮襠、提穀道。輕提襠部，可使內氣自尾閭上升，此為行內氣之法。緊收提襠部，可以固住內氣，防其由前、後二陰下泄。硬功排打有「四門緊閉」一法，即固氣之法也。

2. **圓襠**：圓者，無角也。圓襠，即將會陰部虛虛撐張。襠部撐張則兩胯有根而固矣，所謂「圓襠以固胯」也。

三、手部練勢

手部有肩、肘、腕三處之練勢。

(一)肩

肩有平肩、鬆肩、按肩之不同。

1.平肩：平者，無高低也。平肩，即兩肩對稱而不偏斜也。肩平則神安氣和，左右協調，內氣順遂。平肩不僅為內功之基本法，亦為外功等其他功法之基本法。所謂「平肩以順氣」也。

2.鬆肩：鬆者，動而不固也。鬆肩，即將肩部鬆開。肩為出勁之樞，肩鬆則膀臂活，膀臂圓活則內勁自然順達無礙，直貫掌指。所謂「鬆肩以活臂」也。

3.按肩：按者，壓也。按肩者，即將肩井處下沉，如人按下之狀，使肩部有垂沉之感，故按肩又稱垂肩。按肩，則胸不上聳、肺氣肅降，使內氣下行而達於足底。所謂「按肩以練步」也。

(二)肘

沉肘：沉者，下墜也。沉肘，即將肘部向下墜合。沉肘既有利於肩部鬆垂，又有利於內勁貫臂達手。

(三)腕

旋腕：旋者，轉也。旋腕，即內外翻轉手腕，旋腕既可將膀臂送來之勁，旋轉而達於拳、指，又可將貫注於拳、指之內氣轉回臂膀。所謂「旋腕以練手」也。

79

四、腳部練勢

腳部有臀、胯、腳三處之練勢。

(一)臀

逼臀：逼者，緊靠也。逼臀，即兩臀用力收緊貼靠也。兩臀貼靠，而兩胯配合外撐，膝部即有抵扣之勁。所謂「逼臀以堅膝」也。

(二)胯

撐胯：撐者，支持、抵住也。兩大腿之間皆稱為胯。撐胯，即兩大腿內側向外抵住、支持。撐胯可使由丹田下襠之內氣下貫兩膝，然膝健於前伸後屈而弱於外撐內扣，撐胯可使兩膝產生外抵之勁，而逼臀可使兩膝產生扣合之勁，能外抵內扣，則兩膝堅勁矣。所謂「撐胯亦堅膝」也。

(三)腳

腳有固跟、釘趾之法。

1. **固跟**：固者，牢實不移也。固跟，即跟不離地而有生根之意。跟為一身之基，跟固則全身俱有力矣。所謂「固跟以立身」也。

2. **釘趾**：釘者，打進也。釘趾即扣趾按地，如將足趾釘入地內也。釘趾則內氣下貫湧泉，配合固跟，則勁生腳底矣。釘趾如入地，固跟如生根，則下盤固矣。所謂「釘趾以固足」也。

第4章
俞派金剛門內練要穴考正

穴准針經，然針經之穴位，名稱、功效與內練之學卻有很多不同之處。有同名而異穴者，如泥丸、丹田；有同穴而異位者，如丹田，功家曰「方圓四寸」，而針家謂其大如黍。有療效與功效之差異者，如針灸之效與行功之效；有運用不同者，如百會為功家意守之位，為醫家療頭疾之穴；有功家用而針家不用之穴，如泥丸穴；有醫家用而功家不用之穴，如天應穴；……並且，尚有不少混亂謬誤之處，故宜考而正之，今擇內練之要穴，考正如下。（圖4-1）

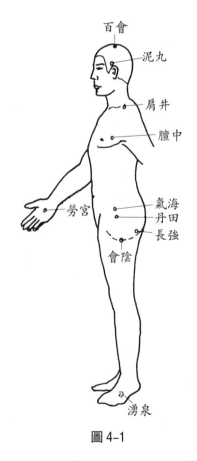

百會
泥丸
肩井
膻中
勞宮
氣海
丹田
長強
會陰
湧泉

圖4-1

一、百　會

穴位考正

穴在頭頂中央，兩耳尖連線之中點。或曰在前頂穴後一寸五分，入皮內三分處。

穴名考正

「穴處人體至高之中央處，猶天之極星居北」（《針灸大成》語），百脈之會，故名百會。又名三陽五會，以足太陽經、手少陽經、足少陽經、督脈、足厥陰經交會於巔頂也。

內練功效考正

百會為內功意守部位之一，周天氣功內氣經過之部。針灸學上有稱此穴為「泥丸宮」者，此謬誤也。

此穴在頭頂皮內三分處，而泥丸宮在入兩眉間三寸處，在腦內正中處，此一也。其二，百會為督脈之穴，而泥丸宮屬腦。其三，百會為經氣之所聚，而泥丸宮為人之上神亦即腦神之所藏，不可混稱，更不能混用也。（泥丸宮參看下論）

二、泥　丸

穴位考正

在兩眉間，直進三寸，在大腦之中底部。

穴名考正

《道樞・頤生篇》說：「夫能腦中圓虛以貫真，萬穴直立，千孔生煙，德備天地，混同大方，故曰泥丸。」練功家內修，升則終於泥丸，降則始於泥丸，所謂還精補腦

也，故又稱上丹田。丹田者，練丹結丹之地也。稱泥丸宮者，以上丹田有九宮，此穴處中央而名泥丸宮。

如《大洞經》說：「眉間卻入一寸為明堂，直上一寸為天庭宮；眉間直入二寸為洞房，直上一寸為極真宮；眉間卻入三寸為丹田，亦為泥丸宮，直上一寸為丹玄宮；眉間卻入四寸為流珠宮，直上二寸為太皇宮；眉間卻入五寸為玉帝宮。」

以其穴空如谷，而神居之，故又名天谷泥丸，或谷神。此外亦名黃庭，以黃者，中央之色；庭者，階前空地，乃中空之義，即指腦內空處也。

內練功效考正

此穴為功家獨用，故針經不載。穴處腦空之竅，而為藏神之府，可見其重要之至，故為修練家練神之要竅。行功之時，內氣後升前降，升則終，降則始，有還精補腦之效，為練神還虛之地，性命寄歸，是有丹田之名，萬不可等閒視之也。

三、膻　中

穴位考正

穴在兩乳間陷中，處心包之外腔，胸部之中央。

穴名考正

胸中兩乳間稱膻，穴在兩乳間陷中，故名膻中。以其位處心之前方，故又稱前心。因其中空，為宗氣迴旋之處，故又名應穀絳宮。《靈樞‧五味篇》說：「穀始入於胃……其大氣之搏而不行者，命曰氣海。」以其為藏氣之府，故又名上氣海，亦名宗氣之海。因其為功家練氣生神

之要竅，而名中丹田。此外，尚有金闕、絳宮之稱。

內練功效考正

膻中為宗氣會集之處。宗氣為飲食水穀化生之氣與吸入天陽之氣相合而成，屬後天之氣。司呼吸而上走息道，貫心脈而注氣街，具有「呼則出，吸則入」之特點，又為周身流動之氣積聚之處，周身運動之氣，發於膻中而又歸於膻中，故為練功家練氣、練勁之要竅。

四、丹　　田

穴位考正

丹田，即指下丹田。此穴之位置，歷來眾說紛紜，有將臍下三寸之關元穴稱丹田者，有將臍下二寸之石門穴稱丹田者，有將臍下一寸半之氣海名丹田者，有將臍下一寸之陰交穴名丹田者，還有將臍下二寸四分稱為丹田者等等不一。

實則此皆針灸取穴之法也。針灸取穴，此皆在任脈之中，任脈所行，其深處，多取八分之處，試想八分之部，乃腹壁之中，何以能練丹結丹？何以為海？故內功之丹田穴與針灸學之丹田穴實為兩物也。針灸取穴以分計算，以黍粒為準，大僅數分。

而練功用穴，乃以行功感應為準，其大者可類碗口，即小亦逾寸。如《金丹大要》說：丹田「方圓四寸」。故練功之要竅，不可以針灸之穴法度之。所以，周學霆在《三指禪》中說：「臍下為丹田，有活見處，而不可以分、寸計。」此即練功取穴之法也。

少林金剛門內功對丹田部位取臍下之說，即臍下一寸

之陰交至臍下四寸之中極，包括氣海、石門、關元諸穴在內，皆為丹田之部。其深在小腹腔中，呈方圓立體，然此亦相對之說，不可拘泥也。

穴名考正

此穴名丹田者，取生丹之地之意也。針灸稱陰交穴為丹田者，謂原陽之氣從上向下，相交於陰，水火既濟；稱氣海為丹田者，謂此處為生氣之海，水火相交之處；稱石門為丹田者，謂此處為精藏之門也，此門能開，元陰方能上濟也；稱關元為丹田者，謂此處為男子藏精、女子蓄血之處，人生之關要；稱中極為丹田者，以中極為丹田之下極也，亦終極也。此五穴皆屬丹田者，因其皆與練丹有關。功家之丹田為一部位，而醫家之丹田卻為數穴，此醫、武之又一異也。

內練功效考正

丹田為藏精之府，又為生氣之原，元陰元陽聚交之地。故稱其為十二經脈之根、五臟六腑之本、生育之主、性命之原，醫家尊為生命之門，功家重為練丹之所。《天仙正理直論》說：「初關練精化氣，中關練氣生神，上關練神還虛。」丹田之內儲藏元精，精能化氣而生神，故功家首先寶其精，以為練丹之基，故丹田為功家最重之部。

唐代楊玄操在注解《難經‧六十六難》中將丹田解釋為「腎間動氣」，他說：「臍下腎間動氣者，丹田也。丹田者，人之根本也，精神之所藏，五氣之根源，太子之府也，男子以藏精，女子主月水，以生養子息，合和陰陽之門戶也……故知丹田者，性命之本也。」

丹田在女子為胞宮，《胎息經》曰：「胎從伏氣中

結，氣從有胎中息，結精育胞化生身，留胎止精可長生。」

五、會　陰

穴位考正
穴在前、後二陰之間。

穴名考正
以其位處兩陰之間，故名會陰。以其在丹田氣海之下，故名海底，亦名下極。此皆以位定名也。

內練功效考正
此穴為督、任、沖三脈之出口。「督由會陰而行背，任由會陰而行腹，沖由會陰而行足少陰」。（《針灸大成》語）輕提會陰可促三脈之氣上行，緊收會陰可固氣海之漏，鬆放會陰可使內氣向下循沖脈之分支經氣街（穴名，臍下五寸旁開二寸處）沿大腿內側，入膕窩，順脛骨內緣下行至足底。故會陰為功家貫氣上下之要竅。

六、長　強

穴位考正
穴在脊骶骨之下端。

穴名考正
穴當督脈出循之首位，循脊接任督，因其有始無終而謂長，健行不息而謂強，故名長強。以其位處尾閭骨之端，故又名尾閭、窮骨、骶骨、撅骨、魚尾、尾骨下空等。

內練功效考正

督脈為十四經之首,而長強為督脈之首,故長強為內氣流行之首要竅道,猶如三軍之主帥也。

內練家導內氣之循環必由長強開始,謂之純陽初始,以生全身春陽之正氣也。

七、肩　井

穴位考正

穴在肩上凹陷處,居肩之深處。

穴名考正

井者,深也。以其位於肩之深處,故名肩井,亦稱膊井。

內練功效考正

肩井為陽氣沖出之明顯處,能使內氣如井泉之充溢,內能實五臟,外能通氣竅,故內練家以此部為內氣沖出之要竅,為上肢發勁之首部。

八、勞　宮

穴位考正

穴在掌心正中。

穴名考正

勞者,用力也。宮者,中也。手任用力,穴居正中,故名勞宮。亦名掌中。

內練功效考正

此穴屬手厥陰心包之脈,此脈之氣,行於手之中道,徑直行速,血氣充盛,故功家借此為發氣放勁之道,以勞

宮居掌之中心，勁氣充盛，能灌佈滿掌，而為發氣放勁之竅。

九、湧　泉

穴位考正
穴處足心之凹陷中。

穴名考正
湧者，騰溢之水貌也。泉者，水源也。以其為少陰腎經之井穴，脈氣之所出，如地下泉水之上溢，故名。亦名地沖，言其上湧之勢也。以其處足心又名蹶心。

內練功效考正
以其為足少陰腎經脈氣之所出，且有騰溢之勢，故功家以其為升氣之始，導氣之端。

第5章
少林易筋經內功

第一節　源流考正

《少林易筋經內功》是「少林易筋經」中的一套內功功法典籍，是少林內功中上乘功法之一。「易筋經」在武術界、中醫骨傷界、氣功養生界流傳甚廣，被視為少林內功的代表功法。

目前，市面上流傳的《易筋經》的印刷版本不下數十種之多，是各種功法中印刷版本最多的一種，可見喜練者之多及影響面之廣。但是，關於對該功法的發展源流的論述卻謬誤不少，有「達摩創始說」，有「《衛生要術》創始說」等等，在廣大愛好者中造成了認識上的極大混亂。為了正本清源，避免謬誤流傳，以正視聽，有利於這一傳統功法珍品的發揚光大，筆者特作考證如下。

《易筋經》最早起源於道家《易學》養生功法。據宋代張君房《雲笈七籤‧延陵君修真大略》載：「其功至則氣化為血，血化為精，精化為髓。一年易氣，二年易血，三年易脈，四年易肉，五年易髓，六年易筋，七年易骨，八年易髮，九年易形。」可見道家的「易筋」「易髓」理論，早在宋代即已在養生功法中廣泛應用和流傳了。

明朝天啟四年（1624年）紫凝道人參醫、釋、道諸家保健養生的理論及宋代「八段錦」等功法，編寫成《易筋經》一書，這是迄今為止所能見到的《易筋經》的最早的著作，但這時期所流傳的「易筋經」功法，屬道家導引養身的範疇。後因少林「易筋經」的傳播，此功法幾近不傳。

明末清初，導引「易筋經」傳入少林寺後，少林寺僧根據少林武功行氣入膜的鍛鍊要求和佛家明心見性的目的，以及由定生慧的修練方法等，將「易筋經」演化成了以清虛入聖為宗旨、以脫換堅外為手段的武術內功功法。在內容結構上，少林寺僧不僅將少林武功的練法和特點融入了「易筋經」，並增創了以佛家禪法為主的內修功法「洗髓經」，合稱為「少林易筋洗髓經」。

至於稱達摩禪師為「少林易筋洗髓經」開創者之說，顯係偽託，這不僅在該功法起源的時間上相距甚大，且達摩禪師是南天竺國（印度）香至王的第三子，於南北朝梁武帝普通七年（西元526年）到達中國，住錫少林，傳法講禪，時年已66歲，他既不懂中國武功，更不可能創造像「易筋經」「洗髓經」這樣精純的武功功法。而且在與他同時代的任何文獻記載中，也沒有關於他會武功或學過中國武功的跡象。

「少林易筋經」在練法上講究「必先練有形者為無形之佐，培無形者為有形之輔」，注重「有形之身必得無形之氣相倚而不相違，乃成不壞之體」「故入道莫先於易筋以堅其體，壯內以助其外，否則道亦難期」。同時，「少林易筋經」在練法上結合了少林武功「易筋必須練筋，練

筋必須練膜，練膜必須練氣」的鍛鍊法則，從而使「少林易筋經」的鍛鍊能收到強壯筋骨以堅體，增長內力以助勁的技擊效果，「注意一努，堅如鐵石，以之禦物，莫能當之，蓋此力自骨中生出，與世俗所謂外壯，迥不相同」。由於少林寺僧將「易筋經」演化為外勇內堅的技擊性內功，成為威震武林的上乘武功，因而引起了武林為之爭奪而殺擄的糾紛。據說乾隆皇帝曾親臨少林，命令住持將「易筋經」交給國家，以平息武林的搶掠殺戮。道光年間來章氏將《少林易筋經》輯刻出版，首次將這一秘法披露公開，成為少林武術內功文獻的代表著作之一。

據清代福山王祖源《內功圖說》序文中所載：「道光甲午（1834年），其時有衛守備萊陽周嘉福者，善拳勇，習易筋經，先大夫使教余，未幾一年，頗健飯力，能舉十多鈞物。」可見，在道光年間，「少林易筋經」已成為常見的武功練法，並廣泛流傳於武術界。

晚清時期，《內功圖》一書問世，據王祖源在《內功圖說‧序》中載：「咸豐甲寅（1854年）從先兄滯跡關中，識臨潼人周斌，周乃關中力士，最有名，余習與之遊，又偕往河南，謁嵩山少林寺，住三越月，盡得其內功圖及槍棒譜以歸。」以此推斷，少林《內功圖》的寫成，最晚在道光末年或咸豐初年。《內功圖》只是將「少林易筋經」中的十二勢內功功法繪製成圖，並配以簡要的口訣，而刪去了揉功、排打、藥功等練法及有關理論，所以《內功圖》只是「易筋經」的簡易流行本，屬「易筋經」的內功部分。由於《內功圖》的廣泛流傳，其保健功效和養生價值日益被越來越多的人認識，於是《內功圖》逐漸

被人們應用於養生保健。

　　清咸豐八年，潘霨將江西豐城徐鳴峰的《內功圖》輯入其刻印的《衛生要術》之中，首次將「易筋經內功」納入了養生保健功法的範疇，所以其書取名《衛生要術》。他在此書的序文中說「茲編取豐城徐鳴峰本，參之醫經各集，而略為增刪……不須侈談高遠，而袪病延年實皆信而有徵，即老子、赤松子、鍾離子所載節目，亦不外此，誠能日行一二次，無不身輕體健，百病皆除，從此翔洽太和，共登壽域。」

　　《中國武術大辭典》（以下簡稱《辭典》）在「圖籍・衛生要術」條中說：「後此書（指《衛生要術》）流入少林寺，寺僧據以傳習內功，而改名為《內功圖》。」但據《內功圖說・序》載，王祖源已於咸豐甲寅年（1854年）在少林寺獲得《內功圖》，而在咸豐八年（1858年）才刊行的《衛生要術》怎麼倒成了早已流傳的《內功圖》的藍本呢？並且怎麼會是少林寺僧據以傳習的內功？在王祖源《內功圖說・序》中載：「去歲（指1880年）同年吳縣潘尚書以其家蔚如中丞所刻《衛生要術》一冊寄余。摹刻甚精，審視之，即余少時之所業內功圖也……爰重摹一帙，以示後學……並復其本書原名，曰《內功圖說》。可見，事實上改換書名的是潘霨的《衛生要術》，而不是少林僧。這樣明顯的時間差異和源流上的顛倒，竟會出現在《辭典》這樣具有典範性的著作之中，確實使人費解。

　　《辭典》在內功圖說條中又進一步說：「少林寺傳習的《內功圖》實際上即咸豐年間吳縣潘偉如輯刻的《衛生要術》，寺僧改其名為《內功圖》無非為了神秘淵源，以

取信於一般少林仰慕者。」如此歪曲事實，肆意中傷，不僅貽笑方家，確實難免盲人說象、癡人言夢之嫌。

事實上，少林寺傳習的《內功圖》的演練方法，與《衛生要術》所輯「易筋經十二勢」的演練方法已相去甚遠。雖然從功勢動作的外形來看，兩者似乎相同，但少林寺傳習的《內功圖》的演練方法講究以禪定為主，以動為輔，整套功法靜多動少。練動式時，要求心力兼到；練靜式時，要求默數百息，使氣、力堅凝，保持了少林武功的內功練法。而《衛生要術》所輯的十二勢的演練方法，是一套動功，不要求禪定，屬醫、道導引養生術，即所謂「降龍伏虎神仙事，學得真形也衛生」。兩套功法比較，前者難而後者易，所以，它們的收效是完全不同的。

少林寺僧將「易筋經」中的內功部分單獨繪製成冊，並不是如《辭典》所說的那樣是「為了神秘其淵源」，相反，這樣做的目的是為了便於普及和流傳，正如今天我們編創二十四式簡化太極拳一樣。

清朝同治年間，宋光祚將來章氏刻本的《易筋經》及潘霨的《衛生要術》輯編成一書，取名《衛生易筋經》，將衛生保健練法與武功練法合為一處，總結了「易筋經」兩大體系的練法。

此外，晚清時期，還流傳有兩種「易筋經」圖勢：一種是以意想氣貫兩手，默數字數為主要練法的十二式《易筋經圖說》，書後有光緒初年梁世昌的跋文；另一種是梁士賢所輯的二十二式《全圖易筋經》，又稱《易筋經外經圖說》，共有三套，頭套十二勢，二套五勢，三套五勢。這兩種功法均屬「易筋經」中之「外壯神力八段錦」練法

之衍化。

　　現在流行的「易筋經」已形成兩大體系：一為武功體系，一為養生保健體系。在這兩大體系中，武功體系保留了少林武功技擊的傳統練法，以來章氏輯刻的《易筋經》為其代表著作；而養生保健體系則採用了醫、道強健身體的練法，以潘霨編輯的《衛生要術》為其代表著作。這兩大體系在長期的流傳中，已發展成內容豐富、練法各異的多種功勢。

第二節　少林易筋經內功功理闡秘

　　「少林易筋經內功」即「易筋經十二勢」，又名《內功圖》。是少林內功流傳最廣的功法之一。由於該功法創始於明末清初（其源流可參看前「易筋經源流考正」），每個功勢後僅有一首簡短的口訣說明，而口訣原文古奧難懂，加之口訣的措辭和名稱含義隱晦，不僅初學者難揣其端倪，即使是多年習練者也無法全面掌握其功法原理和要領。雖然曾有不少的書刊專門介紹，但是，大多都是只限於動作功勢的講解，很少涉及功理的闡述。而「少林易筋經內功」是以內修為主、以外練為輔的功法，不諳其功理，則莫知其質，難識其宗。

　　不少練習者只知其然，而不知其所以然，從而大大降低了練功的收效，影響了這一優秀傳統功法的繼承和發揚。為此，本人不揣陋劣，將自己多年練習的心得體會和研究所得整理出來，公諸於眾，以饗愛好此功的廣大同道。

一、韋馱獻杵勢

原文口訣

第一勢　立身期正直　　環拱手當胸
　　　　氣定神皆斂　　心澄貌亦恭
第二勢　足趾掛地　　　兩手平開
　　　　心平氣靜　　　目瞪口呆
第三勢　掌托天門目上觀　足尖著地立身端
　　　　力周骹脅渾如植　咬緊牙關不放寬
　　　　舌可生津將腭抵　鼻能調息覺心安
　　　　兩拳緩緩收回處　用力還將挾重看

注：骹，音腿，意為股，即大腿。

功理闡秘

　　韋馱，乃傳說中佛教講經誦法之護法神。「杵」是韋馱護法之寶械，又名「降魔杵」。此三勢均用韋馱名勢，不僅是固其法像虔誠、莊嚴，而象形取義，更含有守神護法的功理含義，即在功勢中，將自身之神內固而不外馳，以保障功法的演練。

　　以杵名勢，更取「降魔」之意，這裏所說的「魔」，即干擾和羈絆人體身心的各種雜念和欲望。由於這種種的雜念和欲望會引起人體身心產生緊張和不安，甚至會迷惑本性，不能自持，從而產生種種的煩惱和疾患，因而稱之為「魔」。因自己體內，即主觀上產生的各種雜念和欲望，稱為「內魔」；因體外環境中產生的各種干擾和羈

絆，稱為「外魔」。

此勢降魔之「杵」，就是功勢中自戒攝神之法。例如第一勢之「氣定神皆斂」；第二勢之「心平氣靜」；第三勢之「覺心安」，皆為降魔之杵，並在這三勢的反覆「數息」中，不斷地自戒，逐步地根除放縱之劣性，達到收攝心神、使不外馳之目的。在這些調節修持的過程中，心智漸平，馳性漸伏，魔性受制，逐步達到身心泰然自適的狀態。至此，則已達到「清虛、脫換」的境界，初基已成，故曰「獻杵」，因不再需要以杵制魔，而將杵獻出。

所以，這一勢的修練重在內功的守神護法。

另一方面，此功勢意守三個不同部位，從而產生了練精、練氣、練神的效果。

韋馱獻杵第一勢意守臍下丹田，下丹田為「藏精之府」，又稱命門。由於意守和內氣貫注，促使「先天之精」轉化為「元氣」，所以，此勢之內練重在練精化氣；

韋馱獻杵第二勢意守膻中，膻中為「藏氣之府」，又名氣海，稱中丹田。由於意守，宗氣積聚，而達到增強其「走息道、行呼吸、貫心脈、行血氣」的功能，所以，此勢之內練重在練氣生神；

韋馱獻杵第三勢意守泥丸，泥丸為「藏神之府，」又名腦神，稱為上丹田。由於意守，心境清淨，識、欲俱冥，逐步達到「三田精滿、五臟氣盈、元神疑聚」的境界，數息後之功勢重在打通沖脈，沖脈有通行全身經脈之功能，為「經脈之海」。先使沖脈之氣由上而貫通上肢，再向下而貫通下肢。所以，此勢之內練重在練神還虛、打通沖脈。

同時，在維持功法外勢的鍛鍊中，周身上下處於一種「有力」的狀態，從而增強了全身勁力，特別是在「元神凝聚」時，內氣的灌注和勁力的增長尤其顯著。這也是稱此勢為韋馱獻杵勢的又一含義。

所以，此三勢必須多練、久練，當練至精滿、氣盈、神全、意定、勁即時，方宜接練下勢。

附：「掌托天門」錯誤考正

韋馱獻杵第三勢原文口訣中有「掌托天門目上觀」一句，有不少人把這句口訣理解成「兩掌托天，兩眼上視天空」，有的書刊甚至因此句在此勢原文的第一句而稱此勢為「掌托天門勢」，因而在練此功勢時，抬頭仰面而上視，造成心意上越，神失所依，並站立不穩，如此，則無法達到「覺心安」和「周身渾然如植」的要求。這是由於對原文錯誤斷句所造成的。

這句口訣的正確理解應該是「掌托、目上觀天門」，原文口訣將「天門」二字移至「目上觀」前面是為了使口訣押韻。在較早的本衙藏版本中，出爪亮翅勢的原文說明有「目觀天門」一語（按：此段說明應是韋馱獻杵第三勢的說明，誤刊於此勢之後）。可知不是「掌托天門」，而是「目觀天門」。

另外，不可將天門理解為天空或天上之門。「天門」是頭部的穴位名稱，又名頂門、囟門、囟上、鬼門等，其位置在百會穴前三寸處，人之意動神會於此，為胎兒胎息之所。也有稱鼻為天門的，也有稱兩眉間為天門的，但此勢原文指出「目上觀」，可見「天門」不是指鼻部或眉

間，而是指頭頂部，由於目上觀天門用外視法無法做到，所以，必須採用內視法，即用意念從體內返觀天門，切不可用外視法仰頭上視，否則，既無天門可觀，更無腦神可練。

二、摘星換斗勢

原文口訣

隻手擎天掌覆頭　　更從掌內注雙眸
鼻端吸氣頻調息　　用力收回左右侔
注：眸，音謀，意思是眼中瞳仁。
　　侔，音謀，意思是相等。

功理闡秘

星斗，均為二十八宿之列。星宿有七顆，斗宿有六顆。以七為陽數，六為陰數。所以，摘星換斗的隱義是由陽轉陰。上半勢一掌上撐，一掌下按，是使體內氣血循陽蹻脈上行，而下半勢單手翻掌轉頭，是使體內氣血由上半勢的上行轉為由陰蹻脈下運，由陽蹻而轉換入陰蹻，千萬不可將經脈之氣運行反了或運行錯了。否則，不僅無功，反而會擾亂人體氣血陰陽平衡的正常生理活動規律，引起練功出偏的不良後果。

此勢之「換」乃是轉氣之法，其勢在頭頂上方。有不少的人把摘、換誤解為動作的上、下轉變，或左、右轉換，這是淺解經文所致的錯誤。

三、出爪亮翅勢

原文口訣

挺身兼怒目　推手向當前
用力收回處　功須七次全

功理闡秘

《說文解字》說：「仰手曰掌，覆手曰爪。」又說：「爪者，甲也。」可見此勢之出爪應當是覆掌，並且，須使內勁貫注指端。亮翅二字，歷來多有誤解，以為是鳥之展翼亮翅。然而，從此勢所練的動作來看，並沒有如鳥禽展翅飛翔之動態，可知此勢之亮翅並非鳥禽飛翔時之亮翅。《中華大字典·未集·羽部》說：「翅，居企切，昔鵗，翄或字，鳥之強羽猛者，或作翅。」

另外，從此勢的原文口訣來看，有「挺身兼怒目，推手向當前」「用力收回處」等語，可知此勢之亮翅是指兩掌前推時，須使兩臂堅實有力，腋力充沛，貫勁整個膀臂，並且，須呼氣瞪眼以助勁，應當是「翄」的意思。翄讀作「希」。此勢之鍛鍊重點是在用意導引內氣循沖脈貫注指臂，以增強指臂之勁力，所謂「持其充周者」也。

此功勢在練習時，須在意念中運用海潮與明月的「觀聽」「觀想」法，不可純練一派陽剛之勁勢，而應使功勢具有陽中含陰之功效。

四、倒拽九牛尾勢

原文口訣

兩骹後伸前屈　小腹運氣空鬆
用力在於兩膀　觀拳須注雙瞳

功理闡秘

　　九牛前馳，勢犖強形散，所以，只可拽住其尾，將流散無窮之勢，執定於掌握之中。此處所說的九牛，並不是真有九條牛。九，是表求數之無窮；牛，是表示人之古樸本性，屬於寫作上的一種借喻手法。人的本性是一種放任不羈的特點，佛家認為，一個不能按照規範約束自己行為的人，是談不上真正修定的。

　　明代普照禪師曾作十幅牧牛圖，稱「十禪圖」，用以說明禪悟的過程。在「未收圖」中配詩說：「生獰頭角恣咆哮，犇走山溪路轉遙，一片黑雲橫谷口，誰知步步犯佳苗。」將九牛倒拽，是在「獻杵勢」初步達到「氣定神斂」的基礎上，進一步根除自己恣意放縱的劣性，如同將九牛拽住一樣，用禪定的戒律來約束自己，使本性不致迷亂。不少人在練功中，只注重外形的鍛鍊，強調兩膀用力，忽視了內修的功法。

　　此勢的修持法是運用「止、觀雙行」的佛家禪功。所謂止，是長久繫心於一緣而達到心定念寂的意思；所謂觀，是觀照析察的意思。佛家的「止觀雙修」法，也稱為「定慧雙修」法，即由定而發智慧，這也是「少林易筋經

內功」的一個重要修練法。止、觀二法是不可偏修的，猶如鳥之雙翼，車之二輪。佛家哲學強調調心重神而輕物質，堪為諸家之首。

此功勢外勢之重點，在於鍛鍊兩膀臂的拽力和腋部的撐裹之力。不可因「雙瞳觀拳」而誤解為以兩手屈指握力的鍛鍊為主。此勢修練的要緊處，在外緊內鬆，形勁意靜。而形意鬆緊之轉換處，即在兩膀，以意注之，以勁貫之，自得其趣。

五、九鬼拔馬刀勢

原文口訣

側首彎肱　抱頂及頸　自頭收回
弗嫌力猛　左右相輪　身直氣靜

功理闡秘

九鬼，指功勢上面按頭的手掌的五指和下面按貼背部的四指，稱為九鬼。鬼者，陰神也。因功勢鍛鍊中，均以手指之陰面（掌內側）暗中使力，所以用九鬼以名功勢。上手按頭，狀如以手握刀把，肘部外張上拔，如同拔肩膀上斜挎之馬刀之出鞘勢；下手按壓脊背，似壓刀鞘，以防其上移，此象形名勢也。

此功勢在練習時，兩腋一開一閉，兩手一上一下，均須暗中相對用力而「弗嫌力猛」，但是，其勁勢不可外露，宜「身直氣靜」。在練一派陰柔暗勁的同時，而使功勢具有陰中含陽的功效。

101

此勢兩腋一開一閉，使兩肋氣路亦成一開一閉之狀態。同時，由於意念導引，體內陽維、陰維二脈產生雙脈經氣升降的機制和功效，使維脈的經氣運行得到加強，對全身表裏之內氣運行起到一個調節平衡的作用，為下勢三盤落地的鍛鍊奠定了基礎。

六、三盤落地勢

原文口訣

上腭堅撐舌　張眸意注牙
足開蹲似踞　手按猛如拿
兩掌翻齊起　千斤重有加
瞪睛兼閉口　起立足無斜

功理闡秘

盤，指物體托根之處。三盤，係武功之用語，即將人體分成上、中、下三部，頭為上部，其盤為肩；胸腹為中部，其盤為胯；腿膝為下部，其盤為足。三盤落地，指在功勢練習中，肩、胯、足三盤始終要保持向下沉墜的練法，使形、意、氣俱向下行，如入地中。所謂「肩沉則氣固，胯沉則身固，足沉則步固」。練武之人，足勁實為第一要義；練功之人，氣血浮為第一大忌，而三盤落地則氣沉樁固矣。

此功勢之內練，重在以意念導引內氣，使之循沖脈而貫達於下肢。與前勢之「出爪亮翅勢」引內氣內勁循沖脈而貫達於上肢掌指，有異曲同工之妙。

此兩勢為「少林易筋經內功」內練功法中運使沖脈之法。兩勢分行上下，使內氣在沖脈中全部貫通、運使，至此「持其充周」之內修法已達初成。故此兩勢有相得益彰之妙，萬不可厚此而薄彼。

此功勢在練習時，周身上下均須運勢用勁，做到「堅撐舌、張眸、咬牙、瞪睛、足開蹲、手猛按、翻齊起」等要求，如行武功之外壯。但不可因運勢用勁而造成氣血上湧、面紅氣喘、頭重腳輕等弊病。而要達到這一要求之訣竅所在，就是「三盤落地」。三盤落地之練法，須由上向下逐盤進行，而以下盤之鍛鍊為重點。此亦「持其充周」法之外勢練法，切切不可小視此功勢所產生之功效。

七、青龍探爪勢

原文口訣

青龍探爪　左從右出
修士效之　掌平氣實
力周肩背　圍收過膝
兩目注平　息調心謐

功理闡秘

青，在五行學說中，屬木而能生火。《中華大字典》載：「青，東方色也，木生火，從生丹。」丹即赤色，屬火。龍在此功勢中，是心神之火之代詞隱語，非傳說中之龍獸。因龍亦屬木而能生火，故功家以龍為火源而屬陽，在人體同心，即心君之火，有「龍從火中出」一語。

此功勢取名青龍探爪，意在使心火下降以制腎水，上泛而助腎中真陽，俾腎中真陽上升而溫養心火。所謂探爪者，心神之火下溫，腎中真陽上濟之隱語也。即取坎填離之法也。腎陰得溫、心陽得養，則成坎離交媾之機，促成混元真一之精矣。

此功勢外勢之提拳至肋，乃是開啟帶脈之法。平掌穿出，須掌平氣實，力周肩背以旋轉帶脈。數息時，眼視掌心而意注帶脈。此勢之探爪，為翻掌下探至地圍收，下探時，配合收腹呼氣，使心神下降火性不飛，此即降龍之法也。原文口訣只講外練之法，顯外而秘內，致使一般人難揣其端倪。

此勢之「探爪」與前之「出爪」，爪型均為覆掌，探爪意在由遠而近，其勢為蓄；出爪意在由近而遠，其勢為放，切不可將它們等同起來。

八、臥虎撲食勢

原文口訣

兩足分蹲身似傾　　屈伸左右骹相更
昂頭胸作探前勢　　偃腰背還似砥平
鼻息調元均出入　　指尖著地賴支撐
降龍伏虎神仙事　　學得真形也衛生

功理闡秘

此功勢之「虎」，與上勢之「龍」，均屬內功中之喻詞隱語。虎，在五行學中屬金，以金能生水，所以，以虎

為水源，同體內之腎水，有同氣相應之效。故有「虎向水中生」一語。上勢青龍探爪勢，意在使心神之火下降以溫腎水，此勢更求腎陰上濟以制心陽。兩勢同練，共湊心腎相交、水火互濟之功，即所謂「龍虎交媾」也。

此勢之虎，萬不可當做獸中之王，而在外勢練習中取虎勢之外壯。此勢之所以取名「臥虎」，而不稱「餓虎」者，固功勢中「背腰偃平似砥」，腎處臥位也。原文口訣中有「降龍伏虎神仙事」一句，即道出了這兩個功勢的法理：降龍，即制心中之真火，火性不揚則龍降；伏虎，即制腎中之真水，水源至清則虎伏。神仙者，得神通者也。所謂「降龍以練己，伏虎以持心」者也。

撲食言勢，乃是促使龍虎交媾之外法也。外勢則重在四肢末節之鍛鍊，此亦不可不知也。

九、打躬勢

原文口訣

兩手齊持腦　垂腰至膝間
頭惟探胯下　口更嚙牙關
掩耳聰教塞　調元氣自閑
舌尖還抵腭　力在肘雙彎

功理闡秘

打，是表示身體上的某些動作，屬於語氣助詞。如「打手勢」「打哈欠」「打滾」等，均是此類。躬，屬形聲字，意思是身彎如弓。打躬，即是曲身之意，身體彎

曲，其樞機在腰腹。所以，此功勢重在腰腹部之鍛鍊。腰、腹為氣、膜之大主。

《少林易筋經內功‧膜論篇》曰：「是故練筋必須練膜，練膜必須練氣」「氣至則膜起，氣到則膜張，能起能張，則膜與筋齊堅齊固矣。」所以，此勢之功理重在行氣入膜。故原文口訣「掩耳聰教塞」「口更齧牙關」「舌尖還抵腭」「調元氣自閑」，其意即在行氣入膜。

十、工尾勢

原文口訣

膝直膀伸	推手至地	瞪目仰頭
凝神一志	起而頓足	二十一次
左右伸肱	以七爲志	更作坐功
盤膝垂眥	口注於心	息調於鼻
定靜乃起	厥功準備	

功理闡秘

工尾勢，又名掉尾勢。工者，技也。掉者，震動也。如《黃帝內經素問‧至真要大論》說：「諸風掉眩，皆屬於肝。」《因話錄》說：「揚巨源年老，頭數掉。」尾者，脊之盡處也。這裏是指褾胯以下的部位。工尾，尾之技也，即指下肢功勢之練習法。掉尾，就是震動下肢之意。工尾言泛，掉尾具體，其意相近。

此勢雖名工尾或掉尾，然其功法意在全身內外之放鬆。所以，在做拔伸下肢的活動以後，再「起而頓足」，

使之鬆動。這裏「頓足法」不僅可以放鬆下肢，更有調理周身氣機之效果。由「頓足」，可以消除在練功中因呼吸、動作的不協調所引起的氣滯、氣閉等不適。所以，掉尾勢不僅是「易筋經內功」之收功法，也可以運用於其他任何內功練習之後，作為調理、收功之法。其後「左右伸肱」意在放鬆上肢；「盤膝垂眥」意在禪定。原文口訣說：「更作坐功，盤膝垂眥，口注於心，息調於鼻，定靜乃起。」此即禪定之法。

唐代宗密在《禪源諸詮集都序》中說：「禪定……住閒靜處，調身調息，跏趺宴默，舌柱上腭，心注一境。」佛教禪宗六祖惠能在《壇經》中說：「心念不起名為坐，自性不動名為禪。」故此坐功即是坐禪之法，必須高度入靜，所謂「定靜」也。厥者，意為其他。維乃文言助詞，無實義。至此，「少林易筋經內功」全套功法結束。

第三節　少林易筋經內功功法總説

一、概　説

《少林易筋經》原分上、下兩卷，有內壯和外壯兩種功法。在長期的流傳過程中，已發展成為兩大體系：一為武功體系；一為養生保健體系。「少林易筋經內功」屬「少林易筋經」中的內功練法、武功體系，可壯筋堅體、增長內力。養生保健體系能暢行氣血、通利關節、調和臟腑，此因其練法不同，所以，其收效重點和主次迥異。目前，「易筋經內功」已廣泛成為武術界、氣功養生界及中

醫骨傷練功的主要鍛鍊功法之一。

筆者所習練的「少林易筋經內功」屬武功體系之練法。在功法原理上講究「必先練有形者為無形之佐，培無形者為有形之輔」。注重「有形之身必得無形之氣相倚而不相違，乃成不壞之體」。「故入道莫先於易筋以堅其體，壯內以助其外，否則，道亦難期」。在練法上，遵循「易筋必須練筋，練筋必須練膜，練膜必須練氣」「練氣之法，首在養聚，次在行達。行氣入膜則膜能起張，筋能堅固」的鍛鍊法則。從而收到外勇內堅的武功技擊效果。「注意一努，堅如鐵石，以之禦物，莫能當之，蓋此力自骨中生出，與世俗所謂外壯，迥不相同」。正如《易筋經・內壯論》所言：「內壯言堅，外壯言勇。堅而能勇，是真勇也；勇而能堅，是真堅也。堅堅勇勇，勇勇堅堅，乃成萬劫不化之身，方是金剛之體矣。」

正由於武功易筋經有著如此高深的技擊功效，所以，武功易筋經歷來為少林派所珍秘，傳播甚少。若因之而淹沒失傳，不僅是我輩之罪過，也失去珍秘之初衷。現將本人所練之「少林易筋經內功」整理如下。

二、功勢鍛鍊要領

(一)姿　勢

1.首先要力求動作準確，每個姿勢的一個小動作都不能絲毫馬虎。但是，不可專注外表姿勢的美觀，應以姿勢輔助氣血的運行，達到形氣相益的要求。《易筋經・膜論篇》說：「且夫精、氣、神雖無形之物也，筋、骨、肉乃

有形之身也。此法必先練有形者為無形之佐，培無形者為有形之輔，是一而二，二而一者也。若專培無形而棄有形則不可，專練有形而棄無形則更不可。所以，有形之身必得無形之氣相倚而不相違，乃成不壞之體。」

2. 動作要圓活而不僵滯，剛柔相濟，四肢屈伸、頭身俯仰和身腰轉動均應符合呼吸之節律。

3. 動作速度必須與呼吸緊密配合。氣息長的人，動作速度就慢一點；氣息短的人，動作速度就快一點。一呼一吸為一息，每個功勢都包含著若干個「息」的運行。

4. 正姿堅肌，心力俱到。正姿堅肌是練靜功數息時的要求，正姿利於凝神，堅肌利於固氣。心力俱到是練動功時的要求，心到則神貫，力到則精注。

5. 總的功勢動作要求以靜為主，以動為輔。整套功法靜多動少，靜則禪定數息，以息繫意，氣隨意行，從而達到意到氣到觀到（即止觀雙運法），每勢數息百遍。動則意在手印，意像繫著意念，以意貫勁，從而達到意到氣到勁到。

6. 動功貫勁法。動功勁法總的歸納為八個字：即通、透、豎、橫、鬆、悍、合、轉。通者，勁之順也；透者，勁之滲也；豎者，勁之上下聯也；橫者，勁之左右橫絡也；通透者，和緩柔順，往來無阻；豎橫者，豎聯橫絡，首尾呼應也。鬆為取勁之法；悍為發勁之方；鬆悍者，亦即柔剛也。合為周身整勁；轉為爭裹轉旋。動功貫勁法總的也歸納為八個方面：即按肩、鬆肩、逼臀、圓襠、提胸、貼背、收頦、圓背。按肩者，沉以實足；鬆肩者，順以出勁；逼臀者，緊以堅膝；圓襠者，撐以固胯；提胸

者，活以下腰；貼背者，束以轉手；收頦者，提以正項；圓背者，拔以放勁。

(二)呼　吸

1.動作開始，氣的運行亦隨即開始，進氣完畢即出氣，周而復始，循環不已。

2.呼吸的進氣出氣，不能用勁用力。不能勉強使之過長過短或過急過緩，呼吸的頻率宜自然而順遂。練習之初，每口氣呼吸均宜輕微，繼則逐漸深化，漸漸加強而有力。但這種「有力」是指因功夫的加深而使呼吸氣流量的加強、加大，並不是用力。

3.呼吸與動作勁力的關係是呼剛吸柔，呼則貫勁、吸則蓄力。

4.靜功呼吸法：初練者，可先行逆式腹式呼吸法。即呼氣時，小腹微微膨脹，吸氣時，小腹微微收縮，隨著功夫的增進，呼吸順遂後，則進一步改為肋式呼吸法。肋呼吸法要求吸氣時兩肋部開張，穀道下收，使內氣從尻尾長強穴上升，直上脊背，兩耳後之高骨上提，使內氣上達於額上正中之天門穴。呼氣時，兩肋部斂合，內氣下降，以意送下，使內氣從口中吞下以透入前心，循任脈而歸宿於臍下丹田。

(三)意　念

1.此功始於釋門，以禪定為主，即意念集中，凝神專注一境。

2.行功之前，先須閉目冥心，消除紛繁的雜念，澄心

調息，使神氣凝定後，再開始練功。

3. 練功時，每個功勢均須神貫意注。如果神散意馳，便是徒勞其形，而無實效。每個功勢的內氣、勁力的運行則須在意識的貫注下進行，即所謂「心力兼到」。

4. 靜功默然數息時，意念要專注，不可有絲毫的外馳。使內氣凝然不散，並時時催助內力，使內勁保持不退，越練越堅。

5. 「數息」法：此意念專注一境之法，以息繫意，達到淨觀止。其法即默然數鼻端之呼吸次數，初練時數三十息。逐漸增加，至百數為止。一般多數呼不數吸，以「呼則陽勝，吸則陰勝」故也。

三、功勢名稱

第 一 勢　韋馱獻杵第一勢
第 二 勢　韋馱獻杵第二勢
第 三 勢　韋馱獻杵第三勢
第 四 勢　摘星換斗勢
第 五 勢　出爪亮翅勢
第 六 勢　倒拽九牛尾勢
第 七 勢　九鬼拔馬刀勢
第 八 勢　三盤落地勢
第 九 勢　青龍探爪勢
第 十 勢　臥虎撲食勢
第十一勢　打躬勢
第十二勢　工尾勢

第四節　少林易筋經內功功法圖説

洗髓凝神功

原文口訣

將欲行持，先須閉目冥心，握固神思，摒去紛擾，澄心調息，至神氣凝定，然後依次如式行之。

行功法

1.兩腳平行開立，腳距與肩同寬，身體正直；兩臂自然下垂於體側，五指自然併攏微屈，兩眼先平視正前方的一個目標，排除各種紛擾，澄心調息。然後輕垂雙眼上簾，做到心定氣靜，神態安詳，呼吸平穩（圖5-1）。

圖 5-1

2. 內觀百會，體覺該穴開張，如春日晨露，淫淫潤澤；如夏日解冰，晶瑩沁神。接著，返觀下照，緩緩經泥丸、咽喉、肺中、中脘、丹田、會陰，下達湧泉。在返觀下照的過程中，自感周身內外若解冰化水，洗滌污濁，向下排出體外。隨著沖脈的暢通，外則周身各處，全部放鬆；內則浹骨洗髓，氣定神凝。如此可反覆 1～2 遍後，將雙眼緩緩睜開，然後開始易筋經內功的練習。

功法要領

本功法是以佛家的禪觀法（即閉目內視，以意念運行，似乎看見了具體的對象進行覺察、體驗，亦可把體內、外的景象結合起來進行觀想的一種方法），返觀自身體內沖脈的七個要竅，達到清虛洗髓、神氣凝定的效果。亦是易筋經內功的一個重要修練法。若單獨練習這個功法，也可採用坐式或臥式的體位進行。

韋馱獻杵第一勢

原文口訣

立身期正直　環拱手當胸
氣定神皆斂　心澄貌示恭

行功解說一

兩腿直立，兩腳跟相距約兩橫拳（20 公分），兩腳尖外展 30°，腳趾抓地，兩膝微挺；頭如頂物，兩眼平視前方，叩齒穩唇，鵲橋高架；兩臂自然下垂，兩掌輕貼兩大

圖 5-2　　　　　　　　　　圖 5-3

腿外側，腹部微收（圖 5-2）。

功勢要領

1.頭如頂物，則下頜微收，使頭正項豎。收腹挺膝則脊柱自然筆直而任、督、沖三脈之氣自然循行通暢，才能達到正直的目的。

2.鵲橋高架，即舌尖上捲，以舌下之金津、玉液二穴上抵上頜之凹陷處，達到促進口腔內唾液之分泌的作用，可預防練功時咽乾的心煩之弊。

3.兩眼平視，有利於心神的平衡，所謂「眼上視則心神上浮，眼下視則心神沉降，眼平視則心平神穩」。

行功解說二

兩手同時緩緩向身體兩側平舉，掌心朝下；吸氣配合

圖 5-4　　　　　　　　　　圖 5-5

（圖 5-3）。接著，兩手前臂外旋，使兩掌心朝前，隨
後，緩緩向前直臂合攏，兩手相距一橫拳，手指朝前，高
與肩平，呼氣配合（圖 5-4）。

功勢要領

兩手向前合攏，須使意、氣貫注兩掌，如夾擠之狀，
功作要外柔內剛。

行功解說三

屈肘，兩掌徐徐內收，使兩掌指相對，距胸約三橫
拳，使掌、肘、肩相平；呼氣配合（圖 5-5）。接著，兩
前臂內旋，兩手翹掌坐腕，使掌指朝上，掌心相對，相距
約一橫拳；呼氣配合。此時，兩手拇指側距胸約兩橫拳。
兩眼上瞼下垂，僅留一線光，兩眼垂視兩手食指間。以鼻

圖 5-6　　　　　　　　　　圖 5-7

調息，開始數息（圖 5-6）。

功勢要領

1. 兩眼半睜半閉，有利於斂神和澄心。

2. 數息時，須用意將內氣送入丹田；臀部微收，以利於氣貫丹田，久練自覺氣往下行，聚於小腹。

行動解說四

數息畢，吸氣。兩手貫勁由胸前向小腹前下按，兩掌指相對，掌心朝下；呼氣配合（圖 5-7）。

圖 5-8

圖 5-9

韋馱獻杵第二勢

原文口訣

足趾掛地　兩手平開
心平氣靜　目瞪口呆

行功解說一

　　兩掌同時在小腹前翻掌，使掌心朝上，掌指仍相對，從小腹前向上托起至胸前；吸氣配合（圖 5-8）。接著，兩前臂內旋，兩掌上翹相合，手指朝上，掌心相對，相距約一橫拳；呼氣配合（圖 5-9）。接著，吸氣一口，兩掌貫勁，徐徐向前推出，邊推邊使掌心向前轉，最後，使雙掌心均朝前方，高與肩平；呼氣配合（圖 5-10）。

圖 5-10 圖 5-11

功勢要領

1. 雙掌上翹相合，目視之而心、力均注於兩掌心，使兩掌心內氣相互交合。

2. 雙掌心推出前吸氣，須使氣聚於膻中。

行功解說二

兩掌伸平，使掌心朝下，掌指朝前，與肩平寬（圖 5-11）。兩手緩緩向左右分開，置於身體兩側，吸氣配合。接著，兩手坐腕翹掌，瞪目，同時，兩膝挺直，足跟提起，兩腳前掌著地落實；呼氣配合，默然數息（圖 5-12）。

功勢要領

1. 兩手臂平開成一字時，須使肩部鬆沉，使勁貫兩手

圖 5-12

掌指。

2.此功勢須做到心平氣靜的要求，否則，心不寧靜，腳尖也就會站立不穩，使身體歪斜兩手搖晃。

3.數息時，須意守中丹田（即膻中）。

韋馱獻杵第三勢

原文口訣

掌托天門目上觀　足尖著地立身端
力周骸脇渾如植　咬緊牙關不放寬
舌可生津將腭抵　鼻能調息覺心安
兩拳緩緩收回處　用力還將挾重看

圖 5-13　　　　　　　　　　圖 5-14

行功解說一

接前勢。兩手向上升提，使兩掌置於頭頂上方略前位置，掌心朝上，兩虎口相對，相距 2～3 橫拳；同時，進一步提高腳跟，以不能再升高為限，用兩腳趾著地；吸氣配合，接著，兩臂貫勁，兩掌用力上撐；同時，咬牙合唇，呼氣配合（圖 5-13）。接著，前臂內旋，使兩掌斜下對囟會穴；吸氣配合。默然數息（圖 5-14）。

功勢要領

1. 兩掌上撐時，須有掌托重物的意念；足尖立地，須有插入地下的意念，使身軀儘量拔伸拔長。但要注意脇、骸中段的勁力鍛鍊，所以，原文口訣說：「力周骸、脇渾如植。」

少林強身內功

圖 5-15

2.數息時，須意守泥丸，內視天門。泥丸在眉間直入三寸處，又稱上丹田。天門即是囟門，其位置在頭頂百會穴前三寸處，人之意動則神會於此部，為胎兒胎息之所。同時，將兩側牙關咬緊，並且一直不能鬆開，並將舌尖上捲，抵住上腭，這樣，可使口腔中不斷產生津液，但是，不能將津液隨生隨吞，應待津液滿口，方可咽下，並以意下運至丹田。

3.鼻司呼吸不可急促，要細長，綿綿不斷，才能起到安寧心神的作用。

行功解說二

數息完畢，吸氣一口，使氣聚膻中。接著，兩臂內旋，兩掌貫勁上撐；呼氣配合。再吸氣一口，使氣聚膻中，接著，十指貫勁握拳；呼氣配合（圖5-15）。兩臂繼

第 5 章　少林易筋經內功

圖 5-16　　　　　　　　圖 5-17

續向兩側分開，並徐徐下降，至兩側成側平舉勢；吸氣配
合（圖 5-16）。再用勁勾拳，使拳朝下，拳心朝內；同
時，屈肘，使兩臂繼續下降，意如腋下挾持千斤重物，最
後，使兩拳置於兩腰間，使拳尖距腰約一橫拳，如叉腰之
狀；雙腳跟也隨同雙臂一同緩緩下落，全腳站立；呼氣配合
（圖 5-17）。

功勢要領

1. 雙掌上撐，注意勁貫掌指。
2. 雙拳下運，須注意兩腋的勁力貫注。

圖 5-18

摘星換斗勢

原文口訣

隻手擎天掌覆頭　更從掌內注雙眸
鼻端吸氣頻調息　用力收回左右侔
注：眸，音謀，意為眼中瞳仁。
　　侔，音謀，意為相等。

行功解說一

接前勢。左拳以左向身後移動，同時變掌，掌心朝後，掌指朝右，與腰眼相距一橫拳；同時，右拳從右移向身前變掌，掌心朝上。掌指朝左（圖5-18）。接著，右掌從身前向上緩緩上托，與右乳頭同高；吸氣配合，隨後兩

圖 5-19　　　　　　　　　　　圖 5-20

前臂同時內旋，使左掌心朝下，右掌心朝前，隨即，左掌
用力下按，同時，右掌用力上撐，轉頭平視左側；仍然吸
氣不呼（圖 5-19）。

功勢要領

1.兩掌上撐下按須盡力，使勁貫兩掌，兩手臂儘量拔
開，使左掌心正朝下方，右掌心正朝上方。

2.咬牙穩唇，下頜微收，兩耳後高骨上提，同時收
肛，使氣循陽蹻上行至泥丸。

行功解說二

接上勢。右前臂外旋，使掌心朝下，掌指朝左；同
時，扭項轉頭，使面朝右前方，目視右掌心；呼氣配合
（圖 5-20）。默然數息。

圖 5-21　　　　　　　　圖 5-22

功勢要領

1. 呼氣時，須使內氣直下達於腳下內側。
2. 目視掌心，須使勞營穴正對印堂穴。

行功解說三

　　右側功畢，吸氣。右掌用勁向下按掌至小腹右側；呼氣配合（圖 5-21）。接著，右掌繼續向身後運行，按照左手行功法，將右掌背與右腰眼穴相對；同時，左手自後向左向前移至小腹左側，使掌心朝上，掌指朝右；吸氣配合（圖 5-22）。接著，左掌向上托撐如前右手功勢，右掌下按如前左手功勢，仍吸氣不呼（圖 5-23）。接著，左前臂旋臂復掌，扭項轉頭，目注左掌，呼氣，默然數息（圖 5-24）。功畢，左手用勁向下按掌，置於小腹左側，使掌心

圖 5-23

圖 5-24

朝下，掌指朝右；呼氣配合（圖 5-25）。接著，右掌自身後從右向身前運行，與左掌同時交叉置於小腹前，兩掌掌心朝後，左掌在外，右掌背與左掌心相對；吸氣配合（圖 5-26）。

功勢要領

1. 此功勢前半節一掌上撐，一掌下按，是使體內氣血循陽蹻上行；下半節復掌轉頭，是使氣血循陰蹻下行，由陽轉陰，故此功勢名曰「摘星換斗」。千萬不可將經脈之氣運行反了，否則，不僅無功，反而擾亂了人體正常的生理活動規律，容易造成出偏的不良反應。

2. 自此勢起，以下各式均須按人體氣血運行「陰先行於左，陽先行於右」的生理規律。每勢凡有左右先後時，均以右手、右腳領先行功，可謂「陽為陰之帥」「陽行則

圖 5-25

圖 5-26

陰行」，切不可逆反了。

出爪亮翅勢

原文口訣

挺身兼怒目　推手向當前
用力收回處　功須七次全

行功解說一

接前勢。挺胸收腹，兩腳
十趾抓地，貫勁踏實；兩掌成
八字掌，同時翻轉，使掌心均

圖 5-27

朝上，置於小腹前（圖 5-27）。接著，兩掌同時上托至兩
掌與胸平時，向左右分開，並翻掌使掌心均朝前，掌指朝

5-28　　　　　　　　圖 5-29

上，置於兩胸側；吸氣配合（圖 5-28）。隨後兩掌貫勁向前推出；兩眼瞪目，注視兩掌前方；咬牙合唇；呼氣配合（圖 5-29）。

功勢要領

1.兩掌分開時，須沉肘屈腕，掌心微凹。

2.兩掌前推，開始宜鬆緩，邊推邊加力，當推至極點時，則須勢猛而兩手勁力重實，意如排山，勁力充實整個手臂。

3.怒目前視時，宜觀想眼前有一輪皎潔的明月。這樣，使陽中含陰，有利於體內陰陽的平衡及眼力的增強。但不宜強行追求，隨著功力的加深，這種意境就會自然出現。

圖 5-30　　　　　　　　圖 5-31

行功解說二

接前勢。兩掌緩緩收回置於胸部兩側，掌心仍朝前，再向前方平直推出，收吸推呼，如此反覆 7 次。然後，再將兩掌收回兩胸側；吸氣（圖 5-30）。接著，兩掌同時向下按至兩胯旁；呼氣，隨後向兩側上方平舉，與肩同高，掌心朝下；吸氣。接著，向前平擺相合，使兩手臂平行，相距如肩寬，掌心仍朝下，掌指朝前；目視兩掌，默然數息（圖 5-31）。

功勢要領

1. 兩掌前推用剛勁，收回用柔勁，推出如移山排浪，收回如海水之退潮。

2. 兩臂平伸數息時，吸氣須用意使掌心勞宮穴開張，

吸收地氣內聚膻中。呼氣
時，使氣貫臍下丹田。

行功解說三

接前勢。兩掌用勁收
回，使掌指朝上，掌心朝
前，置於兩胸側；吸氣配
合。接著，兩掌同時向下按
至兩胯旁，垂指，使兩手自
然下垂於體側；呼氣配合
（圖5-32）。

圖5-32

功勢要領

兩掌下按須與內氣下行同步，使內氣下貫臍下丹田。

倒拽九牛尾勢

原文口訣

兩骹後伸前屈　　小腹運氣空鬆
用力在於兩膀　　觀拳須注雙瞳

行功解說一

接前勢。頭向右轉，身體也隨之右轉，右腳向右邁出
一大步，左膝挺直，右膝前弓，右腳尖微內扣，兩腳全掌
著地站穩成右弓步；同時，右手前臂外旋，使掌心朝前，
五指分開微屈如虎爪狀，從下向前上方托舉而起（圖5-

少林強身內功

圖5-33　　　　　　　　　　圖5-34

33）。當腕部與眼相平時，扣指握拳；同時，左手前臂內旋，使掌心朝後，五指也分開微屈如虎爪，並順勢向後運行，置於身後的左側方，貫勁握拳；吸氣配合；兩眼平視右手拳心（圖5-34）。默然數息。

功勢要領

1. 身體側身直立，兩膀用力，逼臀撐胯，使小腹放鬆而有空曠感。

2. 兩手肘部須微屈，使右拳心朝上偏後，左拳拳眼朝前，如提千斤重物。

行功解說二

右勢功畢，身體向左轉，左腳尖外展，右腳尖內扣，左膝彎曲，右膝挺直，成左弓步；兩手鬆開成虎爪狀，右

131

圖 5-35   圖 5-36

手隨身體左轉，前臂內旋，向左前方撲按，向下運行置於
小腹右側；同時，左手隨身體的左轉，前臂外旋，使手心
朝前上方，置左大腿外方；呼氣配合。接著，左手向上托
舉而上，如前右勢右手動作（圖 5-35）。當腕部與眼相平
時，扣指握拳；右手同時向後方運行，置於身後，如前勢
左手之動作（5-36）。默然數息。

功勢要領

參考前右勢的功勢要領。

行功解說三

數息完畢，身體向右轉正，兩拳順勢向下收回，當身
體轉向正對前方時，兩拳鬆開變掌置於小腹前，使掌指相
對，掌心朝上（圖 5-37）。接著，右腳收回，成立正站立

圖 5-37　　　　　　　　圖 5-38

勢；呼氣配合。

九鬼拔馬刀勢

原文口訣

側首彎肱　搶頂及頸　自頭收回
弗嫌力猛　左右相輪　身直氣靜

行功解說一

右掌不動，左掌向上托起，與胸平齊；吸氣配合（圖5-38）。接著，左掌翻掌，使掌心朝下，從身前偏左側下按，至小腹左側；呼氣配合。接著，左前臂內旋，並繼續向下，使掌指朝下，掌心斜向後外方，手臂垂直，左手用手背循著骨盆左後側向上運行，至兩肩胛骨的中間，翻掌

133

圖 5-39　　　　　　　　圖 5-39 附圖

以左手的食指、中指、無名指、小指四指的指腹按壓著背心（約在脊柱第 6 胸椎上下）；吸氣配合（圖 5-39、圖 5-39 附圖）。

功勢要領

1.左掌上托下按時，行逆式腹式呼吸法，即吸氣時，小腹微收；呼氣時，小腹放鬆凸起。

2.左手按背部時，手指要緊貼背部，左腋要用力閉緊。

行功解說二

呼氣一口，使氣貫丹田。接著，右掌移至身體右側，使掌指朝前，掌心仍朝上，向上托舉，掌高過頭；吸氣配合（圖 5-40）。接著，旋腕下繞至腦後，同時，頭向左

圖 5-40   圖 5-41

轉，右手從腦後緊按左耳門；呼氣配合（圖 5-41）。默然數息。

功勢要領

1.右手抱頭須右膀用力，用勁按壓，意欲使頭前傾，同時，頸項用力後頂，二力相互對抗，形成平衡。右肘借右掌前按之力，順勢向後向上盡力開張，使右腋右脅完全張開，兩腋兩脅形成一閉一開的機制。

2.兩膝挺直，使全身直立，但不能緊張僵硬，這樣，才有利於經氣的運引通暢，達到「氣靜」的要求。

行功解說三

頭轉正，右掌鬆開移至頸部右側，掌心朝下，掌指朝左；吸氣配合（圖 5-42）。接著，從右胸前向下按，再移

圖 5-42

圖 5-43

圖 5-44

圖 5-45

至背後，如前左手動作；同時，左掌從背後下移至小腹前，翻掌，使掌心朝上，再向上托舉如前右手動作（圖 5-43、圖 5-44、圖 5-45）。默然數息。

圖 5-46　　　　　　　　　圖 5-47

功勢要領

參考前右勢的功勢要領。

行功解說四

左手從腦後向左平伸，右手從背心向右平伸，同時形成一字形，兩掌心均朝下，高與肩平；吸氣配合（圖 5-46）。接著，兩手同時向側方下落，在小腹前翻掌平托，使掌心朝上，掌指相對；呼氣配合（圖 5-47）。

功勢要領

兩掌下落在小腹前相對，須採用逆呼吸法，使內氣下貫丹田。

137

三盤落地勢

原文口訣

上腭堅撐舌　張眸意注牙
足開蹲似踞　手按猛如拿
兩掌翻齊起　千斤重有加
瞪睛兼閉口　起立足無斜

行功解說一

接前勢。左腳橫開一步，腳距約為本人肩寬，兩膝彎
曲，下蹲外展，兩腳平行，十趾抓地，兩大腿接近水平，
成騎馬樁勢；同時，舌尖上捲，用勁抵住上腭，睜目前
視，口唇閉攏，牙關咬緊，並以意念貫注上、下牙的咬合
（圖5-48）。

功勢要領

開步站成馬樁，須呼氣配合，使氣貫丹田，下注湧
泉，同時提項直身，使肩、胯、足三盤俱沉，有入地生根
之意。

行功解說二

兩掌成八字掌，從下向胸前緩緩上托，使掌心朝上，
掌指相對；同時，兩腳蹬地站起，使身體起立；吸氣配合
（圖5-49）。兩掌上托至與乳頭平齊時，雙掌外分，前臂
內旋，使掌心朝下，虎口朝前，勁貫指端；同時，身體快

圖 5-48

圖 5-49

圖 5-50

圖 5-51

速下蹲成馬步（圖 5-50）。

接著，勁貫兩掌，向下按壓，置於雙膝前外側，兩虎口仍正對前方；呼氣配合（圖 5-51）。

功勢要領

1. 兩掌上托須有托舉千斤的意念，兩腳下蹬起立須有入地生根的意念。

2. 兩掌向外翻掌，須在剛吸氣完畢時，不吸不呼，猛然翻掌，並配合身體的下蹲，增強翻壓的勁力。

行功解說三

接前勢。雙掌在小腹前相對，使掌心朝上，再上托、起立、翻掌如前勢，反覆 3 遍，至如圖 5–51 勢時，默然數息。數息完畢，兩手內收，同時，兩前臂外旋，在身前握拳；吸氣配合（圖 5–52）。然後，收回腰間，使拳心仍朝上。左腳收回，與右腳成平行開步站立勢，吸氣配合（圖 5–53）。

圖 5–52

圖 5–53

功勢要領

1. 此勢始終須瞪目、咬牙、合唇，以助勁力。

少林強身內功

2.數息時，初練可用自然呼吸法，待功夫加深，可逐漸變為逆呼吸法，最後行肋呼吸法。

青龍探爪勢

原文口訣

青龍探爪　左從右出
修士效之　掌平氣實
力周肩背　圍收過膝
兩目注平　息調心謐

行功解說一

接前勢。右拳提至右乳外側，右腳尖外展，右拳變掌，使掌心朝上，五指併攏；吸氣配合（圖5-54）。隨著上體左轉，勁貫右手五指，向左側平伸，使掌心朝上，掌面平正，掌指朝左，兩眼注視右掌；呼氣配合（圖5-55）。默然數息。

圖 5-54

圖 5-55

圖 5-56

圖 5-57

功勢要領

1. 上體左轉，右掌平伸，要固步站牢，鬆開腰部，才能達到力周肩背、掌平氣實的要求。

2. 右掌平穿及數息時，意會導引內氣自右脇向臍腹沿帶脈向左循環。

行功解說二

右臂內旋，翻掌使掌心朝下；同時，五指彎曲成爪，直臂下探，腰也順勢前彎，右爪下探至左腳左外側地面；呼氣配合（圖 5-56）。接著，右爪向右弧形擺至右腳右外側，旋掌扣指握拳；吸氣配合（圖 5-57）。直腰起身，右拳上提至右腰側，右腳尖內扣還原，開步站立；呼氣配合（圖 5-58）。

圖 5-58

圖 5-59

功勢要領

1. 右爪下探呼氣時，意念導引內氣自丹田上注膻中，同時收小腹，以助腎中真陽上升。

2. 右爪下探，至地即可，不一定要觸及地面。同時，兩膝必須挺直，不可彎曲。

行功解說三

圖 5-60

左勢動作同右勢動作，惟左右方向相反（圖 5-59、圖 5-60、圖 5-61、圖 5-62、圖 5-63、圖 5-64）。然後兩拳

143

圖 5-61

圖 5-62

圖 5-63

圖 5-64

鬆開變成虎爪，呼氣配合。

功勢要領

參考上述右勢動作要領。

臥虎撲食勢

原文口訣

兩足分蹲身似傾　屈伸左右骹相更
昂頭胸作探前勢　偃背腰還似砥手
鼻息調元均出入　指尖柱地賴支撐
降龍伏虎神仙事　學得真形也衛生

行功解說一

接前勢。身體右轉，左腳內扣，右腳向前跨出一大
步，膝部彎曲，左膝挺直，
成右弓步，兩眼隨轉體平視
前方；同時，吸氣配合（圖
5-65）。上體前傾，兩爪前
伸，隨後兩前臂內旋，翻掌
使掌心朝下（圖5-66、圖
5-67）。接著，向右腳前方
撲按，以十指指尖點按地
面，使兩手與右腳成三足鼎
立式；呼氣配合。接著，兩
腳跟提起離地，以腳趾柱
地，胸部向前探出，使兩臂

圖 5-65

圖 5-66

圖 5-67

垂直於地面，頭向前
上方昂起兩眼注視前
方；吸氣配合（圖
5-68）。默然數息。

圖 5-68

功勢要領

1. 兩爪點地，十
指必須以指尖觸及地
面，不可使指節塌凹。

2. 腹部微收，使腰部鬆平，此虎伏之法也。

行功解說二

上身立起，同時，兩前臂外旋，使兩掌心朝上，收回
腰間（圖 5-69）。接著，向後左轉身，換成左弓步，吸氣

少林強身內功

圖 5-69

圖 5-70

圖 5-71

圖 5-72

配合（圖5-70）。再下撲、探胸、數息如上述之右勢（圖5-71、圖5-72、圖5-73）。最後，起立站直，右腳收回，腳距與肩同寬，吸氣配合。接著，兩前臂內旋，翻掌

圖 5-73　　　　　　　　　圖 5-74

使掌心朝下，掌指仍朝前，下按至兩大腿外側，放鬆手
腕，自然下垂，使指尖朝下；呼氣配合（圖 5-74）。

打躬勢

原文口訣

兩手齊持腦　垂腰至膝間
頭惟探胯下　口更嚙牙關
掩耳聰教塞　調元氣自閉
舌尖還抵腭　力在肘雙彎
注：嚙，音聶，意爲咬。

行功解說一

接前勢。兩手臂外展外旋，從身體兩側平伸托起，使

圖 5-75　　　　　　　圖 5-76

掌心朝上；同時，兩膝微屈，兩腿稍下蹲；吸氣配合（圖
5-75）。當兩掌托起與頭平齊時，屈肘翻腕，將兩掌手指
相疊，右手指蓋在左手指上面，左手指的中指壓在腦後的
腦戶穴上，兩前臂成水平；同時，咬牙，舌抵上腭，頭向
後上方用力抵，兩肘尖用力向後上方提拔，兩掌用力向前
抵按後腦，全身隨著慢慢站起；呼氣配合（圖 5-76）。

功勢要領

1. 兩掌平托，必須使胸椎均向上拔起；兩腿微蹲，必
須斂臀沉胯，使襠向下坐，這樣「上拔下沉」，使腰部充
分鬆開。

2. 身體站起直立，須隨兩肘彎上拔之力向上升起，使
整個脊柱全部保持鬆直的狀態。

3. 「腦戶穴」在項後入髮際二寸半之頭部中線處。

行功解說二

低頭彎腰，兩膝挺直，使頭儘量向兩膝的中間低垂下去；同時，兩掌心將兩耳孔緊緊蓋住，不讓聞聲（圖5-77）。默然數息。

圖5-77

功勢要領

1. 此勢雙掌按勁仍然不能放鬆，一面要壓緊雙耳，一面要與項爭抗。

2. 腰部要放鬆，腳下要貫勁，挺膝，腳趾抓地。意念注意腰部的放鬆。

行功解說三

功畢，隨即慢慢起身直立，雙手仍抱頭；吸氣配合（圖5-78）。

圖5-78

工尾勢

原文口訣

膝直膀伸，推手至地，瞪目昂頭，凝神一志，起而頓足，二十一次，

少林強身內功

左右仲肱，以七爲志，
更作坐功，盤膝垂眥，
口注於心，息調於鼻，
定靜乃起，厥功維備。

行功解說一

接前勢。兩掌離開雙
耳，十指在腦後交叉互嵌；
呼氣配合。接著，兩手上舉
至頭頂上方，使兩掌心朝
下；吸氣配合。兩前臂內
旋，兩掌外翻，使掌心朝
上，兩臂儘量伸拔；吸氣
（圖5-79）。接著，兩掌
下落，邊落邊翻掌，使掌心
朝下，順著身體前方下按，
儘量使雙掌觸及地面，彎腰
挺膝、昂頭、瞪目前視，凝
神一志；呼氣配合（圖5-
80）。默然數息。

圖5-79

圖5-80

功勢要領

1.雙掌下按，儘量使掌心觸地，但不能勉強，不可使
用拙力，以鬆活自然為要。

2.腰以下的部位，在雙臂向上伸直時，要注意儘量拔
抻拉開。在雙掌下按時，要儘量放鬆。

圖 5-81

行功解說二

數息畢，直腰站起，兩掌隨之上提至小腹前，翻掌，使掌心朝上，上捧至胸前；吸氣配合，兩前臂內旋，使掌心朝前，再向前平推，高與肩平；呼氣配合（圖 5-81）。接著，兩腳跟同時上提下落，頓地 21 次。自然呼吸。

功勢要領

1. 此勢為結束練功的放鬆方法之一，兩腳上提下落，頓地不可過分用力。同時，下肢和身軀必須放鬆，這樣，才能震鬆身體，起到調理氣血的作用，為結束練功做好準備。

2. 兩腳頓地時，兩手臂必須貫勁前撐，以保持整個身體的正直平衡。

圖 5-82

行功解說三

頓地畢，兩腳落地站穩，兩掌鬆開，使掌心朝下，掌指朝前，接著，向左右兩側平伸分開成一字形（圖5-82）。接著，兩前臂外旋，使掌心朝前，向前合攏，使兩掌心相對，掌指朝前，再向兩側分開，如此開合平伸7次。呼吸可用自然呼吸法，也可開吸合呼。

功勢要領

兩臂平伸開合，要和緩鬆柔，意念中要有如大鵬凌空、無拘無束、自由翱翔、舒展自如的情趣，使手臂和肩背、胸部充分放鬆。

圖 5-83　　　　　　　　　　圖 5-84

行功解說四

　　兩手臂從兩側下降於兩
大腿外側；呼氣配合（圖
5-83）。接著，兩前臂外
旋，使掌心朝上，屈肘，從
下向上托起至兩脇；吸氣配
合（圖 5-84）。再翻掌下
按，至兩大腿外側，兩手自
然下垂，成立正勢；呼氣配
合（圖 5-85）。

圖 5-85

功勢要領

　　此勢是少林易筋經內功的最後一個動功勢子，也是結

圖 5-86

束功法的放鬆方法之一。由以上的放鬆，消除了全身各部在練功中的各種疲勞和不適，產生了舒適的感覺，從而逐步過渡到練功前的寧靜狀態。

行功解說五

坐於平坦處，盤膝直腰，雙足交疊而坐，雙手疊倚，置於丹田前方。意念集中，下守丹田，達到勢定意靜，即可起身，結束功法。或再練其他功夫（圖 5-86）。

功勢要領

1. 雙足交疊而坐，可用單盤坐或雙盤坐，初練亦可用「人字坐」。

2. 直腰不可強直發硬，只須做到提項拔背，則脊柱自然鬆活而豎起。

3. 至此，少林易筋經內功的功勢全部完畢。

155

第五節　少林易筋經內功採咽法

採咽法是少林易筋經內功中的一個非常重要的鍛鍊大法。此功法至簡至易，用時不多，且無任何偏差流弊，而功效卓著，配合內功十二勢鍛鍊，百日可達內氣凝固，再百日可達貫通百脈、氣力大增之效。

採咽法，又稱採精華法，採者，取也；咽者，吞也。採咽法是少林易筋經內功服氣助內的一大秘法，歷來珍秘，知之者甚少。該功法是初學行功開始至功成，乃至於終身都必須堅持練習的方法。可在內功十二勢鍛鍊的同時進行（內功十二勢可見拙著《少林易筋經內功》《武魂》1996 第 10 期及第 11 期）。透過採咽法的鍛鍊，可使人體吸收天地日月之陰陽精華，以充益自身之神智和內氣，對易筋經內功功效的提高大有裨益。

採咽法具體鍛鍊方法如下：

一、採咽日精法

在每月陰曆初一凌晨寅時（早晨 3～5 時）、卯時（早晨 5～7 時）兩個時辰，用開步站立式或盤腿坐式在高山或高樓向陽避風之處，面對東方太陽升起之處，凝神調息畢，然後將口唇張開，微吸吞入東方之生氣及太陽之精光，並將吸入之精光蓄於口中，待吸滿口後，閉合嘴唇，達到閉息凝神，然後將口中精光細細咽下，以意送之，下達上腹部約中脘部位（即中宮處），並意想上腹部，自感脾胃溫潤，中脘部舒適，然後以鼻慢慢呼氣，此為採咽 1

次。如此反覆進行吞咽 7 次。最後，靜守中宮片刻，即起行收功。

行功注意事項

1. 行功前稍事活動肢體，以促使體內陽氣生發，然後行功，有陽得陽旺之效。

2. 行採咽法時，身體須正直平視，頭不可俯仰，因俯仰則氣陷，仰則火升。

3. 行功時不可用力，只可用意，更要出於自然。

4. 行功時宜空腹進行，則氣易流通。飽則滯氣，反易傷內。

5. 行功時宜避雷電、疾風、暴雨之天氣，以及穢臭不潔之空氣。

6. 採氣時，口宜張大，如將整個太陽之光華採吸入口中。口小則有風，氣涼則能傷人。

7. 每月初一，陰氣下潛，日精最旺，為採取日之精華的大好時光。如遇有陰雨或正值事忙不暇，則取初二、初三補採亦可。若過此三日，則日光虧虛，陰氣漸盛，不足取矣。

二、採咽月華法

在每月陰曆十五日夜晚戌時（晚上 7～9 時）、亥時（晚上 9～11 時）兩個時辰進行採咽太陰月華，因十五夜晚金水盈滿，月華正旺，故是採取月華之大好時光。如遇天氣不正，陰雨雷電，或繁忙無空，則可取十六、十七兩天補採，其採咽之法，皆如上述之採咽日精法。

第六節　少林易筋經內功內氣充周法

少林易筋經內功內氣充周法，又稱內壯充周法、揉打功。透過充周法的鍛鍊，能使人體所積滿之內氣循內入骨。周身筋膜騰起，骨力堅凝，內壯外堅，成為「萬劫不化金剛之體」，達到周身「硬如鐵石，庚方一片」「並指可貫牛腹，側掌可斷牛頭」「以之禦物，莫能擋之」的神勇境界。少林易筋經內功內氣充周法具有著與其他世俗所傳之外壯功所不同的特異之處，其他外壯功重於練外，故肌膚多粗糙如同樹皮，筋脈盤結如同蚯蚓，而少林內功之內氣充周法重在練內，在平時不用之時，周身不軟不硬，筋脈條暢，皮膚細膩，而用時只須用意一努，則堅如鐵石，力道極重，較之其他外壯堅強不知數倍矣。所以，歷來為少林派所珍秘，今據練習所得，整理如下，以致後傳有規也。

少林易筋經內功內氣充周法必須在內功十二勢鍛鍊有一定功效後，達到絕諸妄念，存想中道，八脈貫通，氣力兼得後，方可開始鍛鍊內氣充周法。內氣充周法可分三個階段進行：

第一階段　主要採用揉法，兼用搗打法。

揉法意在推蕩內氣，磨礪筋骨。在意念存想中道的配合下，使全身之精、氣、神俱聚一境，由百日的鍛鍊，使積氣充盈一處，氣滿筋堅，膜能騰起。同時，配以搗打，以搗補揉所不及，打取震透堅內，而使骨縫間膜堅壯騰起。

158

少林強身內功

揉法練習須遵「三有」「三忌」。

三有：

1.練功有季節性。初春和深秋不宜行揉功，恐春寒秋涼之氣傷人。

2.揉法有定式，不可亂揉。須遵一定之法度，陰陽有別，左右不同，以適應人體之生理規律。

3.揉力有輕重。揉雖人力，而法尚自然，須遵「漸次不驟」之規，所謂「候至物成，氣至自生」也，否則，不僅無效，反傷人體。先宜輕淺揉之，漸漸加重，然終不宜過深過重，過重則傷皮膚，過深則傷筋肉，不可不慎！

三忌：

1.忌守中不專。若雜念紛紜，馳想世務，則神氣隨之而不凝，其揉即為虛設，所謂「揉而不積，虛其揉矣」。

2.忌馳意四肢。揉法意在推蕩內氣，使內氣積而滿盈，為以後之搗打充周做好準備。若急於見效，輕用搗打，則所積之精、氣、神走散於四肢，則內壯不堅，外壯亦不全，兩無是處矣。

3.忌神意過助。揉時須意不外馳，冥心內觀掌下，然而不可用意，更不可用力，只可「守」之，任其推蕩。若用意力相助，反使氣滯，揠苗助長，適得其反，須遵「勿忘勿助」之規。所以，在其推揉勻淨時，在意識集中的狀態下，慢慢入睡，較之醒守則效果更好。

揉前準備：

1.行功前，先服內壯藥丸一粒，以揉資於外，藥助於內，至藥丸入胃將化之時（約半小時）即行揉功，使揉力與藥力相湊，乃得其妙。太過不及，皆無益矣。一般每三

日服一粒（藥方附後）。

2.練者解衣現身，鬆開褲帶，仰臥於床，四肢不動，「四象和合」，使身逸而意專。

3.宜擇健壯少年童子兩名以替換揉之。因年少童子力小，揉推則輕淺，再則，少年血氣壯盛，有氣血交融之妙。

4.初揉部位在上腹部中間（約中脘處）。

揉法：

一少年站於練功者右側，自練功者右側向左推揉，因人體右主氣左主血，自右向左謂之推氣入血，以令氣血通融。揉者宜以右手揉之，因右手有力而不易疲勞，能持久也。揉推速度和緩均勻，徐徐往來，切不可亂動無規。揉力宜輕淺而勿重勿深，揉者之手輕不離皮，重不過肉（後期則重不著骨），使揉者之掌吸定練者腹部之皮膚，使其皮膚隨手之揉動而移動，使練功者皮下筋膜產生內摩擦運動，而揉者之手掌與練功者之腹部接觸面無相互運動，揉時，練功者冥心內觀掌下皮內，注意而勿助。

約練半月，其氣漸盛，可使揉力稍稍加重，以使氣堅，但不可過重，以免動火。練至 1 個月左右，揉至掌下筋膜堅實而騰起，這時可試以用意努氣，則所揉之處堅硬如同木石，即有明效。則在所揉之旁，即左右處各開一掌，仍如前法先輕漸重徐徐揉之，約練 1 個月，兩掌揉處堅實無軟陷，掌中間軟處則用木杵深深搗揉至陷處略起，再用木槌輕輕打之。再於其旁各開一掌如法揉之，約練 1 個月，其中間三掌皆用槌打，其外側兩掌處先搗後打，亦如前法，功至百日，則氣滿筋堅膜亦騰起，第一階段即為

結束。

練功時間，每天 3 次，以卯、午、酉三時為佳，午時宜飯前空腹時練功。若少年火盛，則宜行 2 次，即早初起，晚臨睡各練 1 次，每次練功約 2 個小時。練功畢，稍靜睡片刻，即可起而收功（以下均同）。

第二階段 主要用打法，兼用揉法。

此階段內氣已滿盈，然須防其外溢，猶如澗水平堤、稍為決道，則奔放流走，無復在澗矣。澗內澗外，猶人之壯內、壯外，故此階段為內壯外壯之分界，此時切忌用意引入四肢，若入四肢，即成外勇，難達內壯矣。慎之，慎之。

第二階段與第三階段均為導氣入內之階段。內者，骨膜之內及任督脈也，此兩階段均須以打法為主，但此階段之打法是用石袋打之，取其能震透內氣，導氣入內也。切不可用木槌、木杵，以免引氣出外。

第二階段主要是鍛鍊身體前胸腹及任脈，練者可取弓步或馬步站式，雙手抱拳置於腰間。鼻息調勻後，閉氣，打者仍站於練者身體右側，右手持石袋從練者心口向上打至頸下部。接著，練者呼吸換氣，打者先從練者身體左側肋梢上打至左肩，練者再呼吸換氣，打者再從右肋梢上打至右肩，周而復始。打時須密密排打，不可漏打，亦不可補打，更不可倒打。由心口至兩肋梢骨肉之間為骨縫之交，須用石袋密密搗之，兼用揉法，更用石袋打法，打揉之力以透入皮下骨上為宜，太過不及均非所宜，使身前積滿之氣循內入骨。日行 3 次，共練 3 時辰。每次打完，即用手掌將所打之處搓遍，令其均潤，功至百日則氣滿身胸

腹，任脈充盈，功過半矣。

　　第三階段　與第二階段相同，主要用石袋打法，兼用揉法。

　　當氣滿前任，則可運氣入身後督脊，前已將內氣貫至肩、頸，現則接著按照前述石袋打法，自肩部密密打向頸側部，再向上打至玉枕部，復向下打過夾脊直至尾閭，周而復始，亦不可逆行倒打，脊旁軟處亦自上而下，以掌揉之。每日 3 次，每次 2 小時。每次打完，即用手掌將所打之處遍搓，令其均潤，功至百日，則氣滿脊背，周身之筋膜皆騰起而堅勁矣。前後交接，庚方一片。

　　內壯功至此已大成，若欲出力競勇，則須再練功百日，仍以石袋打法，使氣到手、到頭、到腳，將其內氣由骨內透出，由內而外壯，堪稱神勇矣。

　　內壯功首須惜精，精乃作壯之本，萬不可浪用。所以行功必須注意勿多近內。初功百日全忌，百日後，次功方可進內 1 次，以疏其滯，多不過 2 次，不可 3 次。第三階段亦然。

附（一）內壯藥丸

　　組成：刺蒺藜炒去刺　　白茯苓去皮
　　杭白芍火煨酒炒　　　　熟地黃酒製
　　炙甘草　飛硃砂各五兩（各 150g）
　　人參　　土炒白尤
　　酒當歸　川烏各一兩（各 30g）
　　共為細末，蜜丸每丸重 6g，每次開水服一丸。

162

少林強身內功

(二)湯洗方

組成：地骨皮　食鹽（各適量）

煎水乘熱洗，取其鹹能軟堅，功力易入，涼能散火，不致驟熱，一日一洗，或二日一洗，則血氣融和，皮膚舒暢矣，功成則止。

內壯神勇

《內壯論》說：「內壯言堅，外壯言勇，堅而能勇，是真勇也。勇而能堅是真堅也。」可見僅成內壯還不是真勇真堅，所以，能內壯還必須能外壯，內外俱壯方稱所謂「神勇」也。故內壯神勇者實內壯後之外壯法也。然而外壯並不是僅僅單一之外壯，而是內壯之後進一步外壯，前面所述之守中積氣，揉打服藥，諸法已使膜騰筋堅，氣入骨分，任督滿盈。

現再進而外壯，將內氣引達於四肢，使內氣到達手腳而見勁顯勇，其法用石袋照前所述之打法密密排打不可漏打，漏亦不可補打，更不可逆行倒打，打力以透入皮下骨上為宜；左右排打順序以先右後左；上下排打順序以先手後腳。打手臂時，先以鼻吸氣，使氣聚膻中，接著，閉氣排打，每次打完一勢則換一次呼吸。

打脇、腹，先將氣沉入臍下丹田，接著閉氣排打。打腿腳時亦先換一次呼吸，然後閉氣排打。

打完一遍後，亦用手掌處搓揉，令氣血勻和。每天行功 3 次，每次（搓揉）畢，即以藥湯洗之，以疏通氣血。亦練約一百天。具體打法如下：

1. 練者站成右弓步，屈右肘，右手握拳上舉平頭，拳心朝後上方。左手持袋，從右肩肩峰前側向右臂上臂內前側，沿前臂內前側，密密順打至右手掌內側，然後將拳鬆開，再接打至大指及食、中指掌側，約打十餘下。打完，即接打下部。

注：右手前內側所打之部位，相當於右手太陽之筋。全身筋肉按部位分成手足三陰、三陽，即十二經筋。十二經之筋各起於四肢末端，結聚於關節和骨骼，多分佈成片。

2. 練者站成右弓步，右手握拳平伸，拳心朝下，拳背高與肩平。左手持石袋，從右肩峰前邊經上臂外側前邊，過肘外側，沿前臂橈側打至拳背。然後，將拳鬆開，再接打至大指、食指及中指背側。打的部位相當於手陽明之筋。打完，即接打下部。

3. 練者站成右弓步，右手握拳上舉，拳心朝後上方，拳略高過頭。左手持袋，從右上臂內側後緣，向下過肘內側，沿前臂內側後緣，打到掌內後邊，鬆開握拳，再接打至小指及無名指的掌側。打的部位相當於手少陰之筋。打完即接打下部。

4. 練者仍保持右弓步不變，右手握拳，吊肘下垂，拳眼朝後，拳置於右胯前外方，左手持袋，從右肩外後側向下過上臂外後側，沿肘外後側，直下尺骨，打至手掌尺側，然後鬆開握拳，再打至小指側末端。所打之部相當於手太陽之筋。打完接打下部。

5. 步型不變，右手握拳，從肋下一轉鼓力向上直臂上沖，拳眼朝後，左手執袋從右腋下向下經右脇、右小腹、

右大腿面、右脛骨面、右腳面直到右趾背。所打之處相當於足陽明之筋。脇、腹部位相當於足陽明經筋之斜行上部，腿腳部相當於足陽明經筋之直行下部。

打完每遍後，用手掌處處搓揉，令氣血勻和。每天行功3次，每次2小時，每次打後以藥湯乘熱洗之，以疏通氣血，右側約練一百天。

6. 右側練成後，再練左側。將步型變成左弓步，以右手持袋，打左側手腳，打法如前右臂之四面打法及右脇、腹、腳之打法。

練手法

1. 湯洗法

以熱湯頻頻燙洗，水初溫次熱，漸至大熱，將掌自指至腕皆令浸入熱水之中，自覺兩手熱透離水後，不用拭乾，即乘熱甩擺，使其自乾。甩擺之時，以意努氣，使氣貫指尖。此法能生力壯指。

2. 插豆法

以黑豆、綠豆各半，拌勻置於斗中，練手五指併攏向下直插，不計其數。每日3次，每次2小時，插後復以熱水浸洗，甩乾。

湯洗能和氣血，二豆能去火毒，且能堅礪皮膚於外，壯堅筋膜於內。

久練則可使內氣行至於手，內力生出於骨，閒時柔似春柳，用時堅如鐵石。

3. 生力八法（又名外壯八段錦）

提、舉、推、拉、揪、按、抓、盈。

此八法可坐成弓、馬步行之，須意注掌指、努氣鼓力，各行一遍。周而復始，不計其數。每日３次，每次２小時。亦可逐法單行，以次相及，更為精專。

至此則內外兩壯，功已全矣。其功既成，勿輕放逸，宜時常演練，演練之法可打踢木石，掌（拳）擊沙袋；亦可抓扣鐵球，指撐身軀。

行功收功法（又稱搓法）

行功畢，先將左膀伸直，使人以兩掌合手用力搓之。初搓十把，漸加至百把。先左後右，務使兩膀、手腕發熱透骨為度。

第七節 「少林易筋經內功」學習解難

一、「少林易筋經內功」功勢鍛鍊，男女是否有所不同？

一般來說，男女練習易筋經內功，在功勢、手勢等方面都是一樣的，並沒有什麼不同。只是因為每個人的體質不同而在練法上有所差異。

例如，在數息時，陽氣素虛的人，宜數呼而不數吸；而陰血素虧的人，宜數吸而不數呼。在處理左右功勢鍛鍊先後次序時，陽氣虛的人，宜先右而後左；陰血虧的人，宜先左而後右。在陰陽偏盛情況下，則與上相反。即在數息時，陽氣素盛的人，宜數吸而不宜數呼；陰血盛的人，宜數呼而不宜數吸。在處理左右功勢先後次序時，陽氣盛

的人，宜先左而後右；陰血盛的人，宜先右而後左。因呼屬陽而吸屬陰，左屬陰而右屬陽也。在意守部位上，陽氣盛的人，宜意守下丹田（即臍下丹田），甚至意守腳底湧泉；陽氣虛的人，宜意守頭部泥丸宮（即上丹田），甚至可意守頭頂百會。因人體上屬陽而下屬陰。

在性別上，由於男子陽氣常旺而屬陽，女子陰血常盛而屬陰，故男女的練法差異，只能根據體質的不同而進行相應的鍛鍊，決不可機械地按男女性別進行區分。

二、關於自學「少林易筋經內功」的方法問題

本人介紹的「少林易筋經內功」是可以按照文中行功法訣和要領自學的，只要能認真學習，掌握正確的學習方法，就可以無師自通。一般來說，首先要通讀功法有關文章，掌握功法全貌，原文口訣要背熟。同時，要仔細認真地學習、掌握有關理論，特別是有關的基礎理論，這些基礎理論除了功法理論外，還包括部分中醫理論及釋門禪理，要互相印證，窮其究竟，掌握功法原理，方能左右逢源，練多有益。然後，按照功勢順序逐勢學習，並運用功勢要領指導功法練習，在學習功勢時，先要掌握功勢外形動作規格，再進一步配合呼吸鍛鍊，至動作與呼吸協調後，再進一步練習以意導氣。

由於自學形式、學習進度均由自己掌握，因此，在進行練功時，首先要堅持循序漸進的學習原則，絕不能期望於一朝一夕之功，必須牢記「欲速則不達」的明訓，並注意以下幾點：

1. 功勢動作的學習，要由簡單到複雜，由分解到組合進行。

2. 練功時間安排要隨四季的變化而增減。一般而言，春季宜練 1 小時左右；夏季宜練 0.5 小時左右；秋季宜練 1.5 小時左右；冬季宜練 2 小時以上。

3. 練功程度要由淺入深，不要急於超越求多。

4. 練功運動量要根據自身的生活、工作、身體等諸方面的條件，因人因時制宜、科學安排，總的要求是：只可小勞，不可大疲，更不可強所不能。

其次，要堅持「法貴自然」的練功法則。練功時，不論是呼吸的頻率、深度，還是動作的張弛，以及速度的快慢等等，均宜出於自然，不可勉強，亦不可過於著急，以免影響身體，適得其反。

三、「少林易筋經」整套功法的學習次序

「少林易筋經」是一套完整的功法體系，具有著系統的功法組成和嚴密的練功程式。因此，必須認真地按照功法的練習次序進行練習，才能取得較好的效果。「少林易筋經」的整套功法的學習次序，一般來說可分為以下三個步驟：

1. 要明功理

瞭解和掌握功理是學好一個功法的必備的基本要素。要瞭解和掌握「少林易筋經」的功理，必須認真學習和研究少林易筋經中有關的精、氣、神、意、勁、形的理論和練筋、練膜、練氣的原理。否則依樣畫葫蘆，只是徒具外

形，而難收實效。

2.學習守中積氣之法

守中積氣法是「少林易筋經」鍛鍊的主體功法，守中積氣法中有「內功十二勢」「採咽法」等法門，而「少林易筋經內功」（即十二勢）是守中積氣法鍛鍊的主要功法。

所謂「守」者，待也。要求四肢不動，逸其身勞，絕諸妄念，鎖其意馳，冥心一念，如一不動；所謂「中」者，中道也，即體內內氣通行之道路。包括任脈、督脈、沖脈、帶脈、陽蹻脈、陰蹻脈、陽維脈、陰維脈等經脈。守中之法，須「四象和合」。四象指的是眼、耳、鼻、口。「四象和合」指「含其眼光、凝其耳韻、勻其鼻息、緘其口氣」。透過四象和合的鍛鍊，達到返觀內照，忘聲返聽，呼吸深長、勻、緩及舌靜心寧，使一身之精、氣、神俱注於內。守中之法，意在積氣，使內氣中蘊而不旁溢，氣至則膜起，氣行則膜張、氣積則筋膜有力矣。再進一步練習揉、撻之法，可望內壯有成矣。

3.學習持充法

所謂持充法，又稱持其充周法。即駕馭內氣充實周身之法。當守中達到神不外馳，冥心一念，積氣達到導引路熟，任督交通、河車運動、存想意純、氣實中道時，則進一步練習運使之法。持充之法，旨在內壯，毋求外堅。其法有揉法，搓法，藥法，石袋撲撻法，木槌、木杵搗打法。由揉、搗、撻法的練習，使內氣滲透入骨，骨力堅凝，充實周身四肢百骸，達到內壯神勇的境界。

四、關於「十二大勁功」與「少林易筋經內功十二勢」的關係

「十二大勁功」屬於「少林易筋經內功」中持充法中的輔助法。是「賈力運力法」所演繹出來的功法。專於練力，故稱「大勁」，屬外壯功夫。而「少林易筋內功十二勢」重在練內，守中積氣，以求導氣入骨，而使內力堅凝，最忌導氣趨行於外。

所以，在練習「少林易筋經內功十二勢」時，不宜同時練習十二大勁功，亦不宜同時練習其他外壯類功夫，如硬氣功、大力功等，以免使氣入於四肢，導氣趨於體表，即成外勇，與「易筋經內功」的宗旨相悖矣。

五、練習「少林易筋經內功」有哪些功效？

練習「少林易筋經內功」的功效概括起來，大約主要有以下三個方面：一是技擊功效；二是精神修練功效；三是健身功效。

1.「少林易筋經內功」是屬於武功範疇的功法，它的一個鮮明特點就是由鍛鍊達到堅筋增力，為武術的技擊作堅實的後盾。所以，「易筋經內功」在功理上注重一個「筋」字。《中國醫學大辭典》說：「筋，肉之有力者也。」《靈樞·經脈篇》說：「筋為剛。」可見筋對力量的增長和堅硬身手的重要作用。故練力、堅體必須練筋，而練筋的方法，《易筋經·膜論》說：「是故練筋必須練膜，練膜必須練氣，然而練筋易而練膜難，練膜難而練氣

更難也。先從極難極亂處立定腳跟，後向不動不搖處認斯真法。」至於練習，「少林易筋經內功」能否達到「併指可慣牛腹，側掌可斷牛頭」的境界，這要取決於練功方法是否得當，鍛鍊強度是否合適，以及功夫的深淺等等因素，但是，一般來說，由鍛鍊確實可以很快增強人體的勁力，同時在練習揉、打功後，身體能明顯增強抗打的耐受能力。

2. 「少林易筋經內功」具有精神修練方面的功效。「少林易筋經內功」的鍛鍊以禪定為先，即守中積氣之法。「須閉目冥心，握固神思，屏去紛擾，澄心調息，使神氣凝定。」而禪定之法尚靜悟，貴解脫，以參證為法門，以入定為功夫。能於此有所領悟，方能性靜心空，無掛礙，無恐懼。無礙無恐則神清，神清則氣靜，氣靜則心明，心明則遇事而無惑，隨機而生巧。內在心性的修練，是內功的特點之一。內功心法修練越深，內在的智慧越是明睿廣大，而外在的種種功能越是不可估量。

3. 「少林易筋經內功」具有明顯的養生健身功效。由「少林易筋經內功」的鍛鍊，對身體的呼吸、循環、神經、消化、運動、內分泌等系統有著明顯的改善作用，所以，「少林易筋經內功」在功法上講究一個「易」字。易者，交換也。《易筋經·總論》說：「如人肩之能負，手之能攝，足之能履，通身之活潑靈動者，皆筋之挺然者也，豈可容其弛、攣、靡、弱哉？而病、瘦、痿、懈者，又寗許其入道乎？佛祖以挽回斡旋之法，俾筋攣者易之以舒，筋弱者易之以強，筋弛者易之以和，筋縮者易之以長，筋靡者易之以壯，即綿涯之身，可立成鐵石。」可見

「少林易筋經內功」之健身功效。

然而，「少林易筋經內功」的功效是由易氣開始的，所謂「一年易氣，二年易血，三年易脈，四年易肉，五年易髓，六年易筋，七年易骨，八年易髮，九年易形。」從我本人多年的練習及教學實踐來看，絕大多數學員在學練功法後，首先最明顯的感覺就是自感內氣充足，如食欲增強、食量增加、聲音洪亮、精神充沛等。但是，值得一提的是健身功效是修練內功的必然的結果，是不須追求而自會具備的，如果僅僅以健身功效作為易筋經內功鍛鍊的目的，那就像買櫝還珠一樣，得到的只是表面的利益，而失去的正是更為珍貴的東西。

六、練習「少林易筋經內功」需要多少時間才有效果？

練習「少林易筋經內功」的效果需要多少時間，這要看產生什麼樣的效果，不同的效果需要的時間是不一樣的。一般來說，健身功效產生最快，只需要連續性鍛鍊 20 個小時左右，即一天鍛鍊兩次，每次鍛鍊 1～2 個小時，大約在一星期便可明顯感到身輕體健的效果。如睡眠好轉、飲食增加、精力旺盛等等。

技擊效果即堅筋增力的功效則需要連續性鍛鍊 2000 個小時左右，即一天鍛鍊三次，一次 2 小時，大約 1 年，便可感到氣實筋堅，勁力倍增。而精神修練的功效則要根據各人的理解力（即悟性）及表現力（即運用能力）來定，悟性高者很可能在數天之內便達到較高的禪定境界，悟性差的人則可能苦練終生也沒有得到參悟。

七、練習「少林易筋經內功」是否會出偏差？萬籟聲在《武術匯宗》中說：「易筋經雖佳，但又笨拙，不過鐵人一具。」練該功是否會使人笨拙？

「少林易筋經內功」出自禪門，以無為為法，以虛空為貴。所以，在內景的修練上不容易出偏。

在功勢的練習上，由於該功法動靜結合，功術並練，結構合理，功理科學，從預備勢的導引過渡到韋馱獻杵三勢的意守下、中、上三丹田，逐漸深入，直到第十一勢的打躬勢，第十二勢的工尾勢的放鬆整理，使人體由動逐漸入靜，由外靜而內動，同時，使人由放鬆而有力，由有力而放鬆，非常符合人體一張一弛的生理活動規律。所以，在外勢上也不容易出偏。另外，從我教學十多年的實踐來看，也從沒有什麼出現偏差的情況，當然，這是需要以練功方法正確為前提的。萬籟聲先生在《武術匯宗》中所說的易筋經「但又笨拙」，指的是「專事推揉練內膜，木槌木杵石袋捶打，不習拳腳」之練法，故言其身手不靈活之「笨拙」，並不是練習易筋經會出現偏差而使人大腦笨拙。如果在練習「少林易筋經內功」的同時，再練習武術之拳腳，則何來笨拙之有。

八、關於「少林易筋經內功」心法的學習

「少林易筋經內功」的心法是關於心性修練的方法，

是因人而異的。禪宗講究的心法是不立文字、不依經典的心傳，所謂「道無為，無不為，可心證，非智知」（《大道守一寶章》）。內功強調心性對現實世界的超越，而把心性修練放在第一位，對人生來說，身體健康、生活安定只是人生的基本要求，並不是最終目的。人生最終追求的是精神上的一種人生價值和人生意義。當然，注重精神、心性的修養並不反對形體的鍛鍊，這就是我們通常所說的「性命雙修」。所以，「少林易筋經內功」的心法最主要的是靠自身的參悟，是無法用文字來描述和傳授的。在行功初期，學者可自行參閱一些思想修養及禪學方面的有關知識，並向一些有造詣的前輩求教，面命心傳，自然會有所幫助和啟示。

第6章
少林金剛內功

第一節　功法總說

一、概　述

「金剛內功」為少林金剛門護法高級拳術——金剛拳之必修內功，向來秘不外傳，故知之者甚少。佛經《金剛般若波羅蜜經》注中說：「金剛者，金中精堅者也，剛生金中，百練不銷，取此堅利，能斷壞萬物。」此金剛之本意也。此功名之金剛，以此功練後，可快速使周身勁力強大，堅實如含鋒刃，配合金剛拳法，則收效絕佳，能達八面出鋒、處處棱刃之技擊效果，猶如佛經中所說之金剛，故名。

「金剛內功」是由外練形骸以堅筋骨，內練精、氣以壯臟腑，全神妙用以收增強技擊功效之武術內功。

此功鍛鍊時，對全身八個部位要求做到收頦、鬆肩、貼背、竦胸、展肋、逼臀、撐胯、扣趾。所謂收頦以正項，鬆肩以擊勁，貼背以轉手，竦胸以貫氣，展肋以呼吸，逼臀以堅膝，撐胯以固襠，扣趾以實足也。

「金剛內功」之鍛鍊重在勁、氣，故有運使、聚養、

練勁三大法門。現分述如下：

1. 運使之法

此為動功吐納之法。以鼻司呼吸。先吸氣，使氣入喉貫胸，竦胸展肋，使氣聚膻中，同時，收小腹，使內氣自丹田下尾閭，下提會陰，使內氣上升，上提玉樓，使內氣循脊裏而上背，聚氣於膻中。接著，呼氣，此時內氣可分行兩支：下支則收肋鬆腹，使膻中內氣下沉丹田，循沖脈經大腿下降至足底湧泉，貫注足趾；上支自膻中，經肩井，下曲池，使內氣貫注掌指。

2. 聚養之法

此為樁功吐納之法，即靜功呼吸之法。在站樁時，閉目鉗口，以鼻呼吸，先吸氣一口，返觀內氣自湧泉上升達於會陰，上丹田，經脊裏聚於膻中。

接著，呼氣，使內氣自膻中下降氣海，歸入丹田。反覆數遍，循環練習，直至丹田氣滿。

3. 練勁之法

此為意、氣相合之法。宜先鬆後緊，以求順遂。在練上肢的內勁時，先吸氣竦胸，再呼氣，將肩部放鬆，使兩肩部肩井處下沉，同時，使兩肩胛骨用力貼住後背，使內勁自肩井而曲池，直貫掌、指。在練足部的內勁時，先吸氣展肋，使兩肩下沉，再呼氣，使兩肋向下收合，小腹稍放鬆，同時，逼臀堅膝，撐胯固襠，使內勁向下，直貫腳趾。內勁之鍛鍊，以能縱橫自如而隨意達於周身各部為效。

此套功法共八式，皆在鍛鍊周身筋骨之強健，內勁運達之敏捷，具有功效顯著、立竿見影之特點，作為武功和

傷科功法之鍛鍊，有難以言盡之益處。

二、金剛內功要旨

靜慮定思，意斂神充。收頦貼背，鬆肩竦胸。
展肋收肋，逼臀撐中。鼻司呼吸，先吸後呼。
吸升膻中，呼降丹宮。下提會陰，上提玉樓。
以意運氣，勁生氣中。勢出徐緩，神運其中。
閉目養氣，舌抵腭中。勢定瞪目，內含堅鋼。
鬆悍堅合，穿貼透通。八部落點，尤重勁功。
金剛要訣，俱在此中。

三、功勢名稱

（一）仙人指路勢 　　（二）擒龍勢
（三）戲虎勢 　　　　（四）金剛纏腕勢
（五）力按雙牛勢 　　（六）分波合潮勢
（七）金剛拜佛勢 　　（八）扭轉乾坤勢

第二節　《少林金剛內功》功法

預備勢

　　站立，兩腳腳跟併攏，腳尖分開，身體直立，兩手臂自然下垂於體側，五指自然併攏微屈，兩肩鬆沉，先輕垂雙眼上簾，排除各種雜念，靜心內觀丹田，繫意於息。收心納意，集中思想。然後，睜開雙眼，平視前方。周身鬆活而不僵滯，神態端莊、安詳（圖6-1）。

圖 6-1   圖 6-2

功勢要領

1. 呼吸要做到深長平穩，以吐故納新。

2. 兩眼平視要盯住前方遠處的一個固定目標，要使眼光收攏集中。

(一)仙人指路勢

行功解說一

兩手握拳，屈肘，使兩拳貼於兩腰脇，拳心向上；同時，吸氣配合。以意運氣，以氣助勁，貫勁於右拳面，徐徐向身前送出，使肘部伸直，拳心朝下，高與肩平；同時，呼氣配合；兩眼隨右拳前送而隨視。當勢定時，兩眼瞪目注視前方，如有精光射出，直貫前方（圖6-2）。

圖 6-3　　　　　　　　　　圖 6-4

功勢要領

1. 吸氣時，展肋收頷，使氣聚膻中、竦胸；同時，下提會陰，使內氣自湧泉向上，經會陰達丹田，循脊而上，聚於膻中。

2. 右拳送出前，兩肩鬆沉，肩胛貼脊；同時，呼氣，使內氣由膻中經肩井沿膀臂而下過曲池，直貫掌背拳面。並使右肩前順，左肘後頂，腰部左旋以助勢。

3. 兩腳站立，須逼臀、挺膝、扣趾，使勁貫腳、趾；同時，內氣自丹田下襠，沿內胯直降湧泉。

4. 吸氣時，意注兩肋；呼氣時，注意出手及兩腳。

行功解說二

右拳由下向左、向上翻腕，使拳心朝上（圖 6-3）。然後，徐徐收回腰間，如回拉重物狀；吸氣配合（圖 6-4）。

圖 6-5　　　　　　　　圖 6-6

功勢要領

1.右拳收回，須五指攢
緊以助內氣之回收。

2.收回時，要吸氣、竦
胸、展肋，使氣聚膻中；同
時，下提會陰，使內氣上升
聚於膻中。

行功解說三

接著出左手，行右手功
勢（圖 6-5、圖 6-6、圖 6-

圖 6-7

7）。如此左右交換，各練 10～30 拳。然後，兩拳均收回
腰間，使拳心朝上。

功勢要領

1. 參看前右勢要領。

2. 此勢之運氣、練功、練眼等諸法，為以後七勢之圭臬，後七勢均宜參照此勢之行功原理，囿於篇幅，不再贅述。故此勢名為「仙人指路勢」。

行功解說四

〔樁　功〕

立樁（按勢）

兩腳開步站立，腳距同本人肩寬；兩膝不可硬挺，有微屈之意；雙掌掌心朝下，微凹，掌指相對，約距兩橫拳，置於身前小腹兩側。使周身平正自然，然後，兩眼垂簾輕閉，鉗口，以鼻呼吸。先吸氣一口，默想內氣自湧泉上升，沿大腿外側上行，至會陰部，再向上至丹田，經腰背循脊而上，使內氣達於胸中。接著，呼氣，使內氣自膻中向下，經腹部下沉氣海，歸入丹田（圖6-8）。反覆循環，以丹田氣感充實為限，一般數 10～20 次為宜。然後睜開雙眼。

圖 6-8

圖 6-9　　　　　　　　　圖 6-10

（二）擒龍勢

行功解說一

接前勢。兩掌翻轉使兩掌掌心朝上，收回腰間。接著，右腳橫開一步，兩腳平行，腳距約接近自己肩寬的兩倍，兩膝彎曲，身體下蹲，使大腿接近水平，成騎馬椿勢；吸氣配合，使氣貫膻中（圖 6-9）。接著，右手貫勁，力達指尖，右掌徐徐前伸；呼氣配合；左掌仍在腰間不動；當掌指伸直後，兩眼瞪目前視（圖 6-10）。

功勢要領

1.右掌前伸，五指須併攏挺直，以中指尖為主，貫勁前伸，如欲插物洞穿。

2.右掌前穿，須使腰部左旋，右肩前順以助勢。

少林強身內功

圖6-11   圖6-12

行功解說二

　　右手翻掌，使掌心朝下，成八字掌，接著，五指彎
曲，拇指與其餘四指相對用勁扣拿，使掌心內含，勁貫指
尖，成龍爪手型（圖6-11）。接著，猛吸氣一口，使氣貫
膻中。接著，右手貫勁，向身右側拉回；呼氣；掌心仍朝
下，置於右腰前（圖6-12）。

功勢要領

　　1.右手翻扣，以拇指與食、中二指為主。並須追加一
次呼吸，即翻掌吸氣，扣拿呼氣。

　　2.此勢為少林武功中擒拿主式，亦為傷科手法中拿法
之龜鏡。右手翻拿，如扣蛟鎖龍，故需有手下走龍之意
念，此亦為本功勢名稱之由來也。

行功解說三

接著，出左手，如右手所行之功勢。如此左右交換，各行 10～30 次。最後，兩手收回腰間，翻掌使掌心朝上，掌平指伸。吸氣。

功勢要領

左手要領參看右手要領。

圖 6-13

行功解說四

〔椿　功〕

馬椿（托勢）

兩腳開步站立成騎馬椿勢如前。上體正直，頭向上領，使心胸開暢，呈虛靈挺拔之勢；兩腋半虛，兩臂半圓，兩掌掌心內凹成龜背掌，使兩掌心向上，手指相對，相距一拳，置於丹田前方，約一橫拳；全身鬆活而不懈，兩眼上簾輕垂，鉗口，以鼻司呼吸，進行養氣（圖 6-13）。養氣之法，參看「仙人指路勢」之椿功。

開始練習時，雙腳站椿，不必使雙腿下蹲成接近水平狀，恐腿力不濟而影響養氣，可使雙膝稍彎曲下蹲即可。以後，隨功力之增長，腿力增強，逐漸下蹲成接近水平位。

圖6-14

圖6-15

(三)戲虎勢

行功解說一

接前勢。樁勢不動,兩掌收回腰間,接著,右前臂內旋,使掌心朝前,掌指朝上;同時,右手五指略分開,第二、三指節屈曲,成虎掌,置於右腋前方;吸氣、竦胸、展肋、按肩,勁貫右掌(圖6-14)。再徐徐推出,腕部高與肩平;呼氣配合;兩眼隨右掌前推而隨視,至勢定時,兩眼瞪目前視(圖6-15)。

功勢要領

1.右掌推出,勁貫全掌,不可使勁流散於指節或指尖。

2.右掌前推,意念如移泰山,須鼓足腰勁,使腋力充

圖 6-16

圖 6-17

沛，有沉實之勢。

3.運氣之法及練勁之法可參看「仙人指路勢。」

行功解說二

猛吸一口氣，右掌以腕為軸，向下、向內、向上絞腕翻掌，使掌心向後上方；呼氣配合；眼注視掌心（圖 6-16）。接著，右掌緩緩收回，置於右腰間；吸氣配合。

功勢要領

1.右掌絞腕，勁力仍應貫注於全掌。收回時，意注掌心。

2.內氣運轉之法及練勁之法參看前「仙人指路勢」及概說部分。

行功解說三

左掌推出如右掌勢。如此左右互換，各引 10～30 次。最後，兩掌均收置腰間，掌心朝上，掌指朝前，舒指成龜背掌。

行功解說四

〔椿　功〕

馬椿（抱勢）

圖 6-18

諸勢同前「擒龍勢」之馬椿（托勢），然此勢雙臂須彎曲環抱於胸前，手心朝內，與膻中相平。兩手如抱一大氣球於懷中，須有鬆活之趣。垂簾養氣之法同前「仙人指路勢」及概說（圖 6-17）。

（四）金剛纏腕勢

行功解說一

接前勢。兩手握拳，拳心向上，身體左轉，左腳向前邁開一大步，屈膝半蹲，使膝與腳跟垂直，腳尖微內扣；右腿挺膝伸直，腳尖內扣，斜向身體右前方；兩腳全掌著地，成左弓箭步。接著，右拳貫勁由腰間向前上方緩緩送出，拳心斜朝後上方，腕部平直，拳面高與眼平；呼氣配合。接著，吸氣一口。拳向回扣，勁貫手腕部，兩眼注視右腕；呼氣配合（圖 6-18）。

功勢要領

右拳前送要身體正直，轉腰平肩，使右拳儘量送出。

行功解說二

右腕鬆開，右臂內旋，使拳眼朝上，接著，由身前、經體側移向身右後方，置拳於右臀部後方，拳眼朝前；吸氣；同時，右腳尖外展，左腳尖內扣，上身右轉，屈右膝，挺左膝，站成右弓箭步；仍吸氣；右手隨身體右轉，右臂後伸，前臂內旋，使拳心朝後。接著，左拳貫勁由腰間向前上方緩緩送出，如右手功勢；呼氣配合。接著，吸氣一口。兩手用力扣腕，使右拳拳心儘量朝上方，左拳拳心儘量朝後方；呼氣助勁；兩眼注視左手之腕部（圖6-19）。

功勢要領

1.上身右轉，與右拳後移和左拳前送要配合協調，不可有停斷之處。

2.右拳後伸，左拳前送，要防止聳肩，兩手臂儘量開張。

行功解說三

左拳鬆腕，前臂內旋，向下、向後移動，身體左轉，如此左右交換，反覆各行 10～30 次。然後，右手鬆腕，前臂內旋，向下運行，左手向前，同時，身體向右轉正，使兩手置於身體兩側，變掌，掌指朝前，掌心朝下。接著，左腳向右腳收攏，腳距約同肩寬，兩手上提，收至腰間，

圖6-19

圖6-20

掌心仍朝下。吸氣。

行功解說四

〔椿　功〕

右弓箭椿（按勢）

右腳向右邁出一步，成右弓箭步椿，上身右轉，雙掌自腰間稍向前方緩緩下按，雙掌掌心朝下，微內凹，掌指微屈、分開，朝前。如按水上浮動之雙木球。然後，鉗口、垂簾閉目，以鼻呼吸，養氣之法參前「仙人指路勢」（圖6-20）。然後，右腳收攏，約與肩寬。吸氣。

(五)力按雙牛勢

行功解說一

接前勢。兩手移至小腹前，使掌指相對，微屈分開，

189

圖 6-21　　　　　　　　　　　　圖 6-22

然後，翻掌，使掌心朝上；呼氣。兩掌從小腹向上托至胸前下方，兩掌指相距約一橫拳；同時，兩膝微屈下蹲；吸氣（圖 6-21）。

功勢要領

兩掌上托，要使外形內氣相合，同時上升，在展肋吸氣的同時，使內氣上貫百會。

行功解說二

兩前臂由旋，翻掌使掌心朝下，貫勁兩手，握拳；呼氣助勁。接著，吸氣。兩手同時向下運行，分別停於兩大腿外側前方，使拳心朝外，拳面朝下；兩膝隨兩手下行而緩緩站起，直立勿挺；瞪目前視（圖 6-22）。略停。

功勢要領

1.兩前臂內旋翻掌時，須鬆肩、貼背，使內勁順肩井而曲池貫於前臂。

2.兩手一邊向下運行，一邊使兩臂緩緩向內旋擰，眼視前方而意注前臂。

行功解說三

兩拳變掌，前臂外旋，使兩掌朝上托起如前之狀，共行 10～30 次。

行功解說四

〔椿　功〕

立椿（按勢）

功勢要求同前第一勢「仙人指路勢」之「立椿按勢」。此為放鬆、調節、整理之意（圖 6-23）。

(七)分波合潮勢

行功解說一

接前勢。右腳向右橫開一步，屈膝下蹲成馬椿；兩掌稍上提，兩前臂稍外旋，兩肘下沉，使掌指朝前，掌

圖 6-23

第 6 章　少林金剛內功

心相對；吸氣，勁貫兩掌，徐徐前伸，掌指朝前，拇指側朝上，高與肩平；呼氣（圖6-24）。

圖 6-24

功勢要領

兩掌前伸，須使兩肩鬆沉，使內勁自肩井下曲池而貫於手臂。兩肘要伸直，意注膀臂外側。

行功解說二

兩前臂內旋帶動整個手臂內旋，兩掌翻掌，使掌心朝外，掌背相對，拇指側朝下方；吸氣；兩眼隨視兩掌內翻（圖6-25）。接著，直臂向兩側分開，使兩掌心朝後，高與肩平，置於體側；呼氣（圖6-26）。

功勢要領

旋臂時，以前臂帶動肩臂；分臂時，以肩臂帶動前臂，雙肩不可上聳。

行功解說三

兩臂外旋，兩掌心朝上；吸氣（圖6-27）。接著，兩臂平擺，向身前相合，兩掌小魚際邊緣相距一橫拳；呼氣（圖6-28）。

圖 6-25 圖 6-26

圖 6-27 圖 6-28

功勢要領

1. 兩臂外旋，兩掌手指須有伸張之意，使勁貫整個手臂外緣。

2. 兩臂外旋及平擺相
合，均須以上臂帶動。

行功解說四

兩臂分開合攏，反覆
10～30 次。然後，由身前
緩緩收回腰間；吸氣；眼平
視前方。

行功解說五

〔椿　功〕

馬椿（扶勢）

圖6-29

馬椿站法同前之馬椿要求。惟此勢雙掌向前上方托
起，復翻掌收回，使雙掌掌指相對，掌心斜向內下方，兩
掌手指尖相距約一橫拳，意如扶按一巨大氣球於身前（圖
6-29）。養氣之法參前之「仙人指路勢」及概說部分。

(八) 金剛拜佛勢

行功解說一

接前勢。身體右轉，右腳向右邁出一大步，屈膝下
蹲，左膝挺直，站成右弓箭步；兩掌隨轉體置於胸前方，
拇指分開，虎口相對，同時，旋腕使掌心朝前方；呼氣
（圖6-30）。

圖 6-30

圖 6-31

功勢要領

兩臂要屈成半圓形，貫氣蓄勁。

行功解說二

兩掌徐徐推出，邊推邊內旋前臂，使兩掌成橫掌，指尖不可相碰，上身也隨之前俯，使背筋儘量繃緊，並收領，頭向前頂，使項部儘量拔伸；眼視右腳背；注意於項背；吸氣（圖 6-31）。略停。

功勢要領

兩掌前推時，須使內氣自丹田，循脊背直貫百會。

行功解說三

上身緩緩直起，雙手隨之收回；同時，沉肘，前臂外

195

圖 6-32　　　　　　　　圖 6-33

旋，使掌心朝上；呼氣（圖6-32）。

功勢要領

1.呼氣時，須使內氣下降，過兩脇，歸宿丹田。

2.前臂外旋，須勁貫前臂尺側，以背、肩及腋力收捲內裏。

行功解說四

上身左轉向後，屈左膝，挺右膝，站成左弓步，前推收回如前之右勢。如此，左右交換反覆各行 10～30 次。

行功解說五

〔椿　功〕

左弓箭椿（按勢）

兩膝右挺左屈站成左弓箭椿；同時，雙掌轉腕，使掌

圖 6-34　　　　　　　　圖 6-35

心朝下，徐徐下按至左大腿兩側。餘皆同前之「金剛纏腕
勢」之右弓箭椿（圖 6-33）。養氣之法參看「仙人指路
勢」之椿功。然後，身體轉正，兩手收回腰間握拳，使拳
心朝上。

（八）扭轉乾坤勢

行功解說一

接前勢。身體右轉，兩腿屈膝下蹲成馬椿，右拳變
掌，使掌心朝上，上托至右胸旁，貫勁前臂，並內旋坐
腕，使掌心朝前，掌指朝上；吸氣（圖 6-34）。接著，右
掌由右胸前向左前方徐徐推出，掌指朝上，高與肩平，掌
心朝左；同時，向左轉腰，使上身儘量向左擰轉；呼氣
（圖 6-35）。略停。

圖 6-36

功勢要領

1.呼吸運氣之法，可參看「仙人指路勢」。

2.右掌向左推出，腰部一定要儘量左轉，以帶動上身左轉，並使內氣下沉丹田，直降湧泉，形成內轉丹田的機制，這也是本勢名稱的由來。

行功解說二

右手前臂外旋，右腕翻轉，使掌心朝上；吸氣，眼視右手（圖 6-36）。隨即右掌向下經小腹前收回右腰間，呼氣。

功勢要領

1.呼吸運氣之法，可參看前「仙人指路勢」及概說。

2.右前臂外旋，須使勁力貫注前臂外側，形成前臂的

198

圖 6-37

棱刃之勁。

行功解說三

左掌動作同右手，惟方向相反。左右交換各行 10～30
次。然後，左掌收回左腰間，兩掌掌心均朝上。

行功解說四

〔樁　功〕

馬樁（撐勢）

樁勢保持不動，仍成騎馬樁勢。兩掌上提至胸前，同
時，旋臂轉腕，使掌心朝前，兩虎口相對。兩臂撐圓，距
胸約三橫拳，如向外撐一固定之大氣球。閉目鉗口，以鼻
調呼吸（圖 6-37）。養氣之法，可參看前「仙人指路勢」
及概說部分。馬樁要求，可參看前「擒龍勢」。

 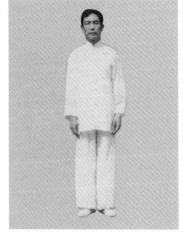

圖 6-38   圖 6-39

收 勢

　　直膝站起，右腳收攏，腳距如肩寬；同時，兩掌向身體兩側分開，使掌指朝前，掌心朝下；吸氣。接著，兩掌同時下按至兩胯側，肘部伸直，掌心朝下，十指朝前，兩眼平視前方；呼氣（圖6-38）。

　　最後，右腳收攏，兩腳相靠，成自然立正姿勢，全身放鬆，稍停，收功（圖6-39）。

第7章
《內功真傳》注解

　　《內功真傳》一書，作者不詳，成書年代亦不詳。清代康熙安徽琅玡技擊家王南溪及其友珠山宗景房為書作序稱：《內功真傳》是在清初王南溪之祖公總憲督撫江西，泊舟清江，見有富人覆舟，多極貨於水底，打撈獲一石函，中有書二卷，一曰《刻丹》，一曰《內功真傳》，書中有經典四篇，後記：貞觀二年三月十五日錄。公以重金買之，遂傳於今。

　　此書分《內功經》《納卦經》《神運經》《地龍經》四篇，將內功之脈絡、氣竅、勁訣、身要、練法、運用等內容逐篇闡述，上取象於《易經》，下極理於醫道，垂法後世，歷代珍之。

　　近代諸派之說，多出此本。然是書文簡意博，而理奧趣深，加之歲月既久，文義多晦，且為口傳手抄，字多別代，初入門者，既難聞其真旨，復易襲誤成弊，無益有損，而責其偽，致精經蒙垢，後學無階。今參諸本，正而注之，俾研、探無誤，學者惟明。

第一節　《內功經》注解

原文

內功之傳，脈絡甚眞，不知脈絡，勉強行之，則無益而有損。前任後督，氣行滾滾。井、池雙穴，發勁循循。千變萬化，不離乎本。得其奧妙，功乃無垠。

注：任脈行人體前部，起於會陰，直上承漿；督脈行人體身後，起於長強，直上脊背過泥丸，下印堂而止人中。若任、督相通，則內氣滾滾而行。井、池者，肩井、曲池也。此二穴為拳家發勁之部位，內力的發出，必須由肩井而曲池，最後達於掌、指，故曰循循。內功之千變萬化皆不能離其根本。根本者，脈絡也。

原文

尻尾升氣，丹田練氣，氣下於海，先聚天心。

注：尻，音 kāo，即屁股。尻尾，即長強穴。真氣上升由尾骨盡處之長強穴起始，輕提穀道，可使真氣上升。丹田在臍下二寸之處，為練氣之所。海者，氣海穴也，氣之下沉丹田乃由任脈之氣海穴而入，氣海穴在臍下一寸半處。天心者，泥丸宮也，位處眉心內三寸，如天之心，為內功法中任督脈起止之處，故內氣循任脈下降之前，先聚於此處。

原文

　既明脈絡，次觀格式。頭正而起，肩平而順，胸涵而閉，背平而正。

　注：格式者，入門之規，身形之要也。頭正則神能提起；肩平則氣能順遂；涵胸有利於內氣下降歸根；背部平直則身體端正。

原文

　足堅而穩，膝屈而伸，襠深而藏，肋開而張，氣調而勻，勁鬆而緊。

　注：足堅勁，下盤方能穩固；膝彎曲，腳方能前伸；襠深凹，陰部方能藏匿；肋骨撐開，兩肺方能舒張；氣要調節，方能均勻；練勁之法，須使身體先放鬆而後收緊。

原文

　先吸後呼，一入一出；先提後下，一升一伏。內有丹田，氣之歸宿。吸入呼出，勿使有聲。

　注：此為逆腹式呼吸法，吸升泥丸，呼降丹田。

原文

　下收穀道，上提玉樓，或立或坐，吸氣入喉，以意送下，漸至於底。

　注：穀道者，後陰也；玉樓者，兩耳後之高骨也。下收，上提乃吸氣之法。氣雖歸宿於丹田，意導下沉至腳底，久之漸至。

原文

升有升路，肋骨齊舉；降有降所，氣吞俞門。

注：兩脇為內氣升降之路。升時，兩脇肋骨舉張；降時，兩脇肋骨斂合，並使內氣下降至俞門。俞門，即丹田，在臍下二寸，又名命門、石門。

原文

既明氣竅，再詳勁功：通、透、穿、貼、鬆、悍、合、堅。

注：通者，勁之順也；透者，勁之滲也；穿者，直貫也，勁之上下聯也；貼者，緊挨也，勁之橫絡也，通透者，和緩柔軟，往來無阻；穿貼者，豎聯橫絡，凝聚堅剛。鬆為取勁之法，悍為發勁之方，亦柔剛之意也。合為周身整勁，堅為縱橫轉旋。

原文

按肩以練步，逼臀以堅膝，圓襠以固胯，提胸以下腰。

注：按肩者，沉勁下達湧泉，以實兩足也；逼臀者，兩臀緊貼以堅勁兩膝。襠即會陰，又名胯根，兩胯撐開，兩膝微扣，襠部自圓，故圓襠能固胯。下腰者，活腰身俯之謂也。

原文

提頦以正項，貼背以轉手，鬆肩以出勁。橫勁豎勁，辨之分明。橫以濟豎，豎以濟橫。

注：提頦者，微收提下頜也，收提下頜則項能正順；貼背者，即兩肩胛骨用力貼住，使勁從丹田而出，順膀臂而轉於手；鬆肩者，即出手發勁之時，將肩部放鬆，內勁自然順達無礙，直貫掌指。橫、豎二勁亦即貼、穿二勁，據身而言，豎者，自肩至足；橫者，兩臂兩手也，兩腿兩足也。周身勁法，須橫、豎互濟也。

原文

五氣朝元，周而復始，四肢無首，收納甚妙。

注：五氣朝元者，五氣指五臟之氣；朝元者，五氣因形、神安靜而得以充實，如張伯端說：「眼不視而魂在肝，耳不聞而精在腎，舌不聲而神在心，鼻不香而魄在肺，四肢不動而意在脾，故名曰五氣朝元。」《性命圭旨》說：「身不動則精固，而水朝元；心不動則氣固，而火朝元；元真性寂則魂藏，而木朝元；妄情忘則魄伏，而金朝元；四大安和則意定，而土朝元。此謂五氣朝元。」呼氣貫納丹田，提穀道、升真氣於頭頂百會，下口經鵲橋降於丹田；此時，真氣分兩支：一支自襠沿內胯降至足底湧泉後，又自外胯升於丹田；另一支從背胳膊裏出手，復轉入降於丹田。這樣，內氣環流四肢，無端而不息，故曰：四肢無首，收納甚妙。此段為動功之練法。

原文

練神練氣，返本還元。天地交泰，水升火降。頭足上下，交接如神。靜生光芒，動則飛騰。氣勝形隨，意動神同。

注：此段為內功鍛鍊之功效。練神練氣指練精化氣，練氣生神，達到神、氣相合的要求，返本還元即所謂「氣全神備，老者復丁，壯者返嬰」。天地者，陰陽也；交泰即相交合璧，此指小周天法，即任、督運轉。水升火降，即龍虎交媾，水火互濟。頭足句指的是大周天流走，內氣循行快速，催助內勁。靜生光芒指在大、小周天的修練後，可出現眼見光芒的效應，即在心神異常寧靜時，可在兩眉間出現黃、白光芒，有黃芽、白雪之說。神帥氣，氣帥形，神意動，則形隨氣騰。故後曰：氣勝形隨，意動神同。同者，隨也，意一動，則真氣騰起，外形隨之，神亦貫之。

原文

以上勁訣即詳，再言調氣之方：每日清晨，靜坐盤膝，閉目鉗口，細調呼吸。

注：細調呼吸之法，分為兩步：第一步為初習之法。每日清晨，靜坐盤膝閉目鉗口，以鼻呼吸，待心靜氣平，遂吸氣一口，同時，默想真氣自湧泉上升，至會陰，由腹分向兩脇，再升於前胸，上頭至後腦，漸升於泥丸。接著，呼氣，使內氣下降，默想真氣自泥丸下降，下鼻過喉，經脊背透前心，降於丹田，如此循環反覆，直至丹田氣足。第二步為小周天法。丹田氣足之後，默運真氣下至尾閭，復上達脊背，升於泥丸，再下歸臍下，如此反覆，周而復始。

少林強身內功

第二節 《納卦經》注解

原文

〔乾坤〕

頭項效法乾，取剛健純粹。足膝效法坤，取鎮靜厚載。

注：此段為內功之頭、足練法要求，納入八卦中之乾、坤二卦。取象闡述。

頭在上與天相應，故效法乾卦。乾者，健也，剛強不屈之義。豎項頂頭，提真氣貫於百會，則剛健純粹矣。足在下與地相應，故效法坤卦，坤者，順也，純陰之象，坤厚載物。足之進退，順意而動；膝部彎曲如月，內撐外裹，前伸後收，則足膝之力厚矣。

原文

〔巽兌〕

肩背宜於鬆活，是乃巽順之意。襠胯宜於緊靠，須玩兌澤之情。

注：此段為內功對身軀中肩、背、襠、胯之練法要求，納入八卦中之巽、兌二卦，取象闡述。

巽，《易》曰：「利有攸往」「進退」「利武人之貞」。猶肩背之於內功，柔順漸進，能內能外，能順能逆，無所不到，故宜鬆活，以利內氣之往來。兌卦，取象為澤，其德為悅，虛於外而實於內。內功之襠胯，如兌澤之情，襠部緊靠，即為實於內；兩胯撐開，即是虛於外。

而精能引而上行化氣，如澤之為物，所以悅成萬物也。

原文

〔艮震〕

胸要竦起，艮山相似。肋有呼吸，震動莫疑。

注：此段為內功中對胸、肋練法之要求。納入八卦艮、震二卦，取象闡述。

胸、肋為內功練氣之門戶，故艮山震雷，意指呼吸之動靜也。艮，《易》曰：「山也。」故胸部要竦起，竦者，聳也。如山之狀。竦則呼吸止矣，一止而內外貫之，此靜以養氣之意也。震，《易》曰：「動也。」由此動而生彼動，取象為雷。胸止如山之靜，肋動如雷之震，以肋行呼吸，此內功呼吸之法也。吸氣時，提會陰，收小腹，兩肋盡力向外開張；呼氣時，小腹放鬆，會陰亦稍放鬆，兩肋向內、向下收闔，故曰肋有呼吸，而不言胸有呼吸。當練至兩肋可隨意開合，則氣壯神旺矣。

原文

〔坎離〕

坎離之卦，乃身內之義也，可以意會，不可以言傳。

注：此段為內功對身內練法之要求。即心腎相交互濟之法也。

《序卦傳》曰：「坎者，陷也。」《彖》曰：「習坎，重險也，水流而不盈，行險而不失其信。」又曰：「離，麗也。」有附著之意。坎、離取象水火，人體內之心、腎亦具水火之象，水宜升，火宜降，水火相交，心、

腎互濟，真氣薈萃，勁力漸長。是以擅武者，重練氣練勁，尤重養氣調氣，使體內心火常下溫熙，腎水常上滋潤。然欲知其要，非實際修養有素者，難察其妙也，故曰「可以意會，不可以言傳」也。

第三節　《神運經》注解

原文

〔神運之法〕

練形而能堅。練精而能實。練氣而能壯。練神而能飛。

注：練外形能使筋強骨健，皮硬肌實，故曰能堅。練精可以增強人體內氣血、經絡、臟腑的功能，促進生化，而達到內實。氣為人身之生化動力，亦為生命功能之體現，練氣可以內注五臟六腑，外營四肢百骸，故曰能壯。神為人體生命活動之最高統帥，神存則生，神失則亡，神生於氣，氣化於精，精化氣，氣化神，故精為神之本，氣為神之母，形為神之宅，練神即所以全神，全神者，「三田」精滿，五臟氣盈也。妙用於一身，故曰「練神而能飛」。飛者，妙用之詞也。透過外練其形，內練精、氣，最後達到練神，並以神運用於周身，以盡其妙用，此經所以名神運之所由也。

原文

「神運之體」

先明進退之勢，復究動靜之根。

注：凡進退、開合、轉折、升降等，皆神運之外勢，然進退卻為諸外勢之首，不明進退則難知神運之機，故曰「先明」，能明進退則得攻防之契機矣。然進退皆動勢，僅具外形，神運其內，當復究動靜之機轉。動靜之機，即陰陽之法。動於靜而止於靜，靜於動而止於動；動寓靜而主於動，靜寓動而主於靜。動靜之體互為本末，此即「根」之深意也。

原文

〔神運之用〕

擊敵有用形、用氣、用神之遲速，被擊者有仆也、怯也、索也之深淺。

注：神運之用，即擊敵之法。以形接形者為庸手，其法遲，其效仆。以氣接氣者為高手，其法速，其效怯。以神擊神者為聖手，其法無，其效索膽。

原文

〔神運之意〕

縱橫者，肋中開合之式，丹田呼吸之間。

注：以神運於周身，其意在內勁能縱橫相濟。內勁縱橫，其要有二：一曰外勢之開合，即兩肋之舉闔也。兩肋為呼吸之門，兩肋開合則內勁能橫行；二曰內氣之升降，即丹田呼吸之間。丹田為呼吸之根，一呼一吸，則內勁能縱行。能開合升降，則內勁自然縱橫矣。能縱橫相濟，則神自然運用於周身矣。

第四節 《地龍經》注解

原文

地龍眞經，利在底功。

注：此句為全經之總旨。即此經之宗旨在有利於下盤之功夫，下盤者，腿、步也。

原文

全身練的，強固精明。

注：此句進一步補充說明上句，內功之要，凡周身上下、內外，均須練到，渾然一氣，方能強固和精明，不可只重底功而廢偏其餘。

原文

伸可成曲，住亦能行。曲如伏虎，伸比騰龍。行住無跡，伸曲無蹤。身堅似鐵，法秘如龍。

注：此段講周身曲伸、住行之法。曲伸與住行，須能互相轉化，即伸曲互轉，住行互化。故曲不可軟，須如虎之暫伏，沉實有力；伸不可僵，須如龍之升騰，展而有勢。行住轉換須無痕跡，伸曲變化順無端倪，使敵手無法揣摩。如此，則可達到身堅似鐵，法秘如龍的高超境界。

原文

步分前後，左右分明；門有變化，法無空形。

注：步法之要，重在分清敵我雙方之位置，前後左右，隨而應之。門者，人體各部之代稱也。如裏門為對手手臂內側；外門為對方手臂外側；大門為兩臂與胸腹之間；小門指兩腿之間等等。故曰：門有變化。法者，術也，此指招術，故無空形。

原文

前攻用手，二三門同。

注：此句講手攻擊之法。前者，先於敵手之謂也。先攻之時，以手為主，肘、肩隨而濟之。二門，指兩肘之間；三門，指兩膀之間。故曰：二三門同。

原文

後攻用足，踵膝通攻。

注：此句講下盤攻擊之法。先防後攻以足為捷，並以跟、膝連續攻擊。

原文

遠則進擊，近則迎接。

注：擊遠之敵，可出其不意，主動進攻。擊近之敵，可以逸待勞，伺機乘隙，後發先制。

原文

大胯著地，側身而成。仰倒若坐，尻尾單憑。

注：此句為下盤地躺之法。大胯，指大腿與胯部之合稱。大腿與胯部下倒著地，關鍵在側身而下。仰身後倒之

法，如人下坐時以屁股的整個部位下落一樣。仰身後倒，亦須以整個身體參與，尤以肩背處著力。

原文

高低如意，遠近縱橫。

注：此句為總結性句。如能達到上述的要求，使高低升降、曲伸行住、遠近側仰都隨意自如，那麼，就能縱橫天下，所向披靡。

附錄原文

易筋經　上卷

總　論

譯曰：佛祖大意，謂登正果者，其初基有二：一曰清虛，一曰脫換。能清虛則無障，能脫換則無礙。無障無礙始可入定、出定矣。知乎此，則進道有其基矣。所云清虛者，洗髓是也；脫換者，易筋是也。其洗髓之說，謂人之生感於情欲，一落有形之身，而臟腑肢骸悉為滓穢所染，必洗滌淨盡，無一毫之瑕障，方可步超凡入聖之門。不由此，則進道無基。所言洗髓者，欲清其內；易筋者，欲堅其外。如果能內清淨，外堅固，登聖域在反掌之間耳，何患無成。

且云易筋者，謂人身之筋骨，由胎稟而受之。有筋弛者、筋攣者、筋靡者、筋弱者、筋縮者、筋壯者、筋舒者、筋勁者、筋和者，種種不一，悉由胎稟。如筋強則病，筋攣則瘦，筋靡則痿，筋弱則懈，筋縮則亡，筋壯則強，筋舒則長，筋勁則剛，筋和則康。若其人內無清虛而有障，外無堅固而有礙，豈許入道哉。

故入道莫先於易筋以堅其體，壯內以助其外，否則道亦難期。其所言易筋者，易之為言大矣哉。易者，乃陰陽

之道也。易，即變化之易也。易之變化雖存乎陰陽，而陰陽之變化實存乎人。弄壺中之日月，搏掌上之陰陽，故二豎繫之在人，無不可易。所以為虛為實者易之，為寒為暑者易之，為剛為柔者易之，為動為靜者易之；高下者易其升降，先後者易其緩急，順逆者易其往來；危者易之安，亂者易之治，禍者易之福，亡者易之存；氣數者可以易之挽回，天地者可以易之反覆，何莫非易之功也。

至若人身之筋骨，豈不可以易之哉？然筋，人身之經絡也。骨節之外，肌肉之內，四肢百骸，無處非筋，無經非絡，聯絡周身，通行血脈，而為精神之外輔。如人肩之能負，手之能攝，足之能履，通身之活潑靈動者，皆筋之挺然者也。豈可容其弛、攣、靡、弱哉！而病、瘦、痿、懈者，又甯許其入道乎？佛祖以挽回斡旋之法，俾筋攣者易之以舒，筋弱者易之以強，筋弛者易之以和，筋縮者易之以長，筋靡者易之以壯，即綿涯之身可以立成鐵石，何莫非易之功也。身之利也，聖之基也，此其一端耳。

故陰陽為人握也，而陰陽不得自為陰陽，人各成其人也。而人勿為陰陽所羅，以血氣之軀，而易為金石之體，內無障、外無礙，始可入得定去，出得定來。然此著功夫，亦非細故也。而功有漸次，法有內外，氣有運用，行有起止。至藥物、器制、火候、歲年、飲食、起居，始終各有徵驗。其入斯門者，務宜先辦香信，次立虔心，奮勇堅往精進，如法行持而不懈，無不立躋於聖域者云。

般刺密諦曰：此篇就達摩大師本意，言易筋之大概，譯而成文，毫不敢加以臆見或創造一語，後篇行功法則具詳。原經譯義倘遇西竺高明聖僧，再請琢磨可也。

膜　論

　　夫一人之身，內而五臟六腑，外而四肢百骸；內而精氣與神，外而筋骨與肉，共成其一身也。如臟腑之外，筋骨主之；筋骨之外，肌肉主之；肌肉之內，血脈主之；周身上下，動擺活潑者，此又主之於氣也。是故修練之功，全在培養氣血者為大要也。即如天之生物，亦各隨陰陽之所至而百物生焉，況於人生乎？又況於修練乎？且夫精、氣、神雖無形之物也，筋骨肉乃有形之身也。此法必先練有形者為無形之佐，培無形者為有形之輔，是一而二，二而一者也。若專培無形而棄有形，則不可；專練有形而棄無形，則更不可。所以，有形之身必得無形之氣相倚而不相違，乃成不壞之體。設相違而不相倚，則有形者亦化而無形矣。

　　是故練筋必須練膜，練膜必須練氣。然而練筋易而練膜難，練膜難而練氣更難也。先從極難、極亂處立定腳跟，後向不動、不搖處認斯真法。務培其元氣，守其中氣，保其正氣，護其腎氣，養其肝氣，調其肺氣，理其脾氣，升其精氣，降其濁氣，閉其邪惡不正之氣；勿傷於氣，勿逆於氣，勿憂、思、悲、怒以頓其氣。使氣清而平，平而和，和而暢達，能行於筋，串於膜，以至通身靈動，無處不行，無處不到。氣至則膜起，氣行則膜張，能起能張，則膜與筋齊堅齊固矣。

　　如練筋不練膜，而筋無所主；練膜不練筋，而膜無所依；練筋、練膜而不練氣，而筋膜泥而不起；練氣而不練筋、膜，而氣癡，而不能宣達、流串於經絡。氣不能流

串，則筋不能堅固。此所謂參互其用，錯綜其道也。俟練至筋起之後，必宜倍加功力，務使周身之膜皆能騰起，與筋齊堅，始為妥當。否則筋堅無助，譬如植物無土培養，豈曰全功也哉？

般刺密諦曰：此篇言易筋以練膜為先，練膜以練氣為主。然此膜人多不識，不可為脂膜之膜，乃筋膜之膜也。脂膜，腔中物也；筋膜，骨外物也。筋，則聯絡肢骸；膜，則包貼骸骨。筋與膜較，膜軟於筋；肉與膜較，膜勁於肉。膜居肉之內，骨之外，包骨襯肉之物也。其狀若此，行此功者，必使氣串於膜間，護其骨，壯其筋，合為一體，乃曰全功。

內壯論

內與外對，壯與衰對。壯與衰較，壯可久也；內與外較，外勿略也。內壯言堅，外壯言勇。堅而能勇，是真勇也；勇而能堅，是真堅也。堅堅勇勇，勇勇堅堅，乃成萬劫不化之身，方是金剛之體矣。凡練內壯，其則有三，一曰守此中道。守中者，專於積氣也。積氣者，專於眼、耳、鼻、舌、身、意也。其下手之要，妙於用揉，其法詳後。凡揉之時，宜解襟仰臥，手掌著處，其一掌下胸腹之間，即名曰中。惟此中乃存氣之地，應須守之。守之之法，在乎含其眼光，凝其耳韻，勻其鼻息，緘其口氣，逸其身勞，鎖其意馳，四肢不動，一念冥心，先存想其中道，後絕其諸妄念，漸至如一不動，是名曰：守。斯為合式。蓋揉在於是，則一身之精、氣、神俱注於。久久積之，自成其庚方一片矣。設如雜念紛紛，馳想世務，神、

氣隨之而不凝，則虛其揉矣，何益之有？二曰勿他想。人身之中，精、神、氣、血不能自主，悉聽於意。意行則行，意止則止。守中之時，意隨掌下，是為合式。若或馳意於各肢，其所凝積精、氣與神，隨即走散於各肢，即成外壯，而非內壯矣。揉而不積，又虛其揉矣，有何益哉？三曰持其充周。凡揉與守，所以積氣。氣既積矣，精、神、血、脈悉皆附之。守之不馳，揉之且久，氣惟中蘊而不旁溢。氣積而力自積，氣充而力自周。此氣即孟子所謂至大、至剛、塞乎天地之間者，是吾浩然之氣也。設未及充周，馳意外走，散於四肢，不惟外壯不全，而內壯亦屬不堅，則兩無是處矣。

般剌密諦曰：人之初生，本來原善，若為情欲雜念分去，則本來面目一切抹倒。又為眼、耳、鼻、舌、身、意，分損靈犀，蔽其慧性，以致不能悟道。所以，達摩大師面壁少林九載者，是不縱耳目之欲也。耳目不為欲縱，猿馬自被其鎖縛矣。故達摩大師得斯真法，始能只履西歸，而登正果也。此篇乃達摩佛祖心印先基，真法在「守中」一句，其用在含其眼光七句。若能如法行之，則雖愚必明，雖柔必強，極樂世界可立而登矣。

洗髓經總義

如是我聞時，佛告須菩提：易筋功已竟，方可事於此。此名靜夜鐘，不礙人間事。白日任匆匆，務忙衣與食，三餐食既竟，放風水火訖。抵暮見明星，燃燈照暗室。晚夕功課畢，將息臨臥具。大眾咸鼾睡，忘卻生與

死。明者獨驚醒，黑夜暗修持。撫體歎今夕，過了少一日。無常來迅速，身同少水魚。顯然如何救？福慧何日足？四思未能報，四緣未能離。四智未現前，三身未皈一。默觀法界中，四生三有備。六根六塵連，五蘊並三途。天人阿修羅，六道各異趣。二諦未能融，六度未能具。見見非是見，無明未能息。道眼未精明，眉毛未落地。如何知見離？得了涅槃意。若能見非見，見所不能及。蝸角大千界，蝼眼納須彌。昏昏醉夢間，光陰兩俱失。流浪於生死，苦海無邊際。

如來大慈悲，演此為《洗髓》。須俟易筋後，每於夜靜時，兩目內神光，鼻中微運息，腹中覺空虛，正宜納清煦。朔望及兩弦，二分並二至；子午守靜工，卯酉乾沐浴。一切惟心造，練神竟虛靜。常惺惺不昧，莫被睡魔拘。夜夜常如此，月月須行持。惟虛能容納，飽食非所宜。謙和保護身，惡厲宜緊避。假借可修真，四大須保固。柔弱可持身，暴戾災害逼。過河須用筏，到岸方棄之。造化生成理，從微而至著。一字透天機，漸進細尋思。久久自圓滿，未可一蹴之。成功有定限，三年九載餘。從容在一紀，決不逾此期。心空身自化，隨意任所之。一切無掛礙，圓通觀自在。隱顯度眾生，彈指趨無始。待極四重思，永滅迷途苦。後人得此經，信授可奉行，後人於授受，叮嚀視莫輕。

無始鍾氣篇第一

宇宙有至理，難以耳目契。凡可參悟者，即屬於元氣。氣無理不運，理無氣不著。並交為一致，分之莫可

離。流行無間滯，萬物依為命。串金並透石，水火可以併。併行不相害，是曰理與氣。生處伏殺機，殺中有生意。理以氣為用，氣以理為體。即體以顯用，就用以求非體。非體亦非用，體用兩不立。非理亦非氣，一言透天機。百尺竿頭步，原始更無始。悟得其中意，方可言洗髓。

四大假合篇第二

元氣久氤氳，化作水、火、土。水發崑崙巔，四達注坑井。靜坐生暖氣，水中有火具。濕熱乃蒸騰，為雨又為露。生人又生物，利益滿人世。水久澄為土，火乃氣之煥。人身小天地，萬物莫能比。具此幻化質，總是氣之餘。本來非我有，解散還太虛。生亦未曾生，死亦未曾死。形骸何可留，垂老後天地。假借以合真，超脫離凡數。參透《洗髓經》，長生無可期。無假不顯真，真假渾無際。應作如是觀，真與假不二。四大假合形，誰能分別此？

凡聖同歸篇第三

凡夫多吃假，美衣飾其體。徒務他人戲，美食日復日。人人皆如此，碌碌天地間。不暇計生死，總被名利牽。一朝神氣散，油盡而燈滅。身屍埋曠野，驚魂一夢攝。萬苦與千辛，幻境無休歇。聖人獨認真，布衣而蔬食。不貪以持己，豈為身日累。參透天與地，與我本一體。體雖有巨細，靈活原無異。天地有日月，人生兩目具。日月有晦朔，星與燈相繼。縱或星燈滅，見性終不

沒。縱成瞽目人，伸手摸著鼻。通身俱是眼，觸著則物倚。此是心之靈，包羅天與地。能見不以目，能聽不以耳。心若能清靜，不為嗜欲逼。自知原來處，歸向原來去。凡夫與聖人，眼橫鼻長直。同來不同歸，因彼多外馳。若能收放心，常提生與死。趁此多健身，精進用心力。洗髓還本原，凡聖許同歸。

物我一致篇第四

萬物非萬物，與我同一氣。幻出諸形相，輔助生成意。有人須有物，用作衣與食。藥餌及器皿，缺一即不備。飛潛與動植，萬類為人使。造化恩何洪，妄殺成暴戾。蜉蝣與蚊蠅，朝生而暮死。龜鶴麋與鹿，食少而服氣，乃得享長年，人而不如物，只貪衣與食，忘卻生與死。苟能卻嗜欲，物我而一致。

行住立坐臥睡篇第五

行如盲無杖，自然依本分。舉足低且慢，踏實方可進。步步皆如此，時時戒急行。世路忙中錯，緩步保平安。住如臨崖馬，亦如到岸舟。回光急返照，認取頓足處。不離於當念，存心勿外務。得止宜知止，留神守空谷。立定勿傾斜，形端身自固。耳目隨心靜，止水與明鏡。事物任紛紛，現在皆究竟。坐如丘山重，端直肅儀容。閉口深藏舌，出入息與鼻。息息歸元海，氣足神自裕。浹骨並洽髓，教外別傳的。臥如箕形曲，左右隨其宜。兩膝常參差，兩足如鉤鉅。兩手常在腹，捫臍摸下體。睪丸時挣挫，如龍戲珠勢。倦即側身睡，睡中自不

迷。醒來方伸足，仰面亦不拘。夢覺渾無異，九載見端的。超出生死關，究竟如來意。行住坐臥篇，只此是真諦。

洗髓還原篇第六

易筋功已畢，便成金剛體。外感不能侵，飲食不為積。還怕七情傷，元神不自持。雖具金剛相，猶是血肉軀。須照《洗髓經》，食少多進氣。搓摩乾沐浴，按眼復按鼻。摸面又旋耳，不必以數拘。閉眼常觀鼻，合口任鼻息。度數暗調和，身定神即定。每日五更起，吐濁納清氣。開眼即抽解，切勿貪酣睡。厚褥跏趺坐，寬解腰中繫。右膝包左膝，調息舌柱齶。脅腹運尾閭，搖肩手推肚。分合按且舉，握固按雙膝。鼻中出入綿，綿綿入海底。有津續咽之，以意送入腹。叩牙鳴天鼓，兩手俱掩臍。伸足扳其趾，出入六六息。兩手按摩竟，良久方盤膝。直身頓兩足，洗髓功已畢。徐徐方站起，行穩步方移。忙中恐有錯，緩步為定例。三年並九載，息心並滌慮。浹骨更洽髓，脫殼飛身去。漸幾渾化天，末後究意地。

即說偈曰：口中言少，心頭事少，腹裏食少，自然睡少。有此四少，長生可了。

作 者 簡 介

李良根　男，1948年4月出生。國家武術一級裁判，一級拳師，武術七段。自幼隨父練習江西字門拳械，15歲習俞派少林拳，得恩師、中國近代著名武術家、俞派少林武術宗師梁漢勛先生悉心傳授，較系統地掌握了本流派拳械及功法等內容，成爲俞派少林武術主要傳人之一，在數十年的鍛鍊和敎學過程中，逐漸形成了自己的風格和特點，並發展創立了少林金剛門。現在，少林金剛門武術已廣泛流傳於中國江西省及日本、比利時、南斯拉夫、克羅地亞、美國、台灣等國家和地區。

1991年參加江西省第8屆運動會獲武術系統組男子傳統拳術冠軍、男子傳統器械第三名、男子自選拳術第三名。應聘擔任江西省武術館首屆少林武術敎練，南昌市武術敎練，當選江西省中醫學院武術協會會長，江西省武術協會高校委員、秘書長，江西省體育科學學會武術專業委員會副秘書長，江西省武術協會第4屆委員會委員。多次在全國中醫學院及省、市武術比賽中擔任過副總裁判長、裁判長、裁判員等職務，並多次被評爲道德風尚優秀運動員、敎練員、裁判員。

先後在《中華武術》《武林》《武魂》等雜誌發表過論文二十餘篇並有棍術專著《劍經注解》出版。醫學方面擅長中醫骨傷、推拿。現任江西中醫學院科技學院醫學部主任。

國家圖書館出版品預行編目資料

嵩山俞派金剛門少林強身內功/李良根　李琳　著
——初版，——臺北市，大展，2007〔民96・11〕
面；21公分，——（少林功夫；25）
ISBN　978-957-468-569-1（平裝）
1.少林拳
528.97　　　　　　　　　　　　　　　　96017579

嵩山俞派金剛門少林強身內功

著　　者/李良根　李　琳
責任編輯/朱曉峰
發行人/蔡森明
出版者/大展出版社有限公司
社　　址/台北市北投區（石牌）致遠一路2段12巷1號
電　　話/（02）28236031・28236033・28233123
傳　　眞/（02）28272069
郵政劃撥/01669551
網　　址/www.dah-jaan.com.tw
E－mail/service@dah-jaan.com.tw
登記證/局版臺業字第2171號
承印者/傳興印刷有限公司
裝　　訂/建鑫裝訂有限公司
排版者/弘益電腦排版有限公司
授權者/北京人民體育出版社
初版1刷/2007年（民96年）11月
ISBN 978-957-468-569-1　　　　　　　定　價/220元